Assumindo o Controle do seu Tempo

Série

Gestão Orientada para Resultados

Harvard Business School

Assumindo o Controle do seu Tempo

TRADUÇÃO
Eduardo Lasserre

ELSEVIER

EDITORA CAMPUS

Do original: *Taking control of your time*
Tradução autorizada do idioma inglês da edição publicada por Harvard Business School Press.

Copidesque: Cláudia Amorim
Editoração Eletrônica: Estúdio Castellani
Revisão Gráfica: Mariflor Brenlla Rial Rocha e Edna Rocha

Projeto Gráfico
Elsevier Editora Ltda.
A Qualidade da Informação.
Rua Sete de Setembro, 111 – 16º andar
20050-006 Rio de Janeiro RJ Brasil
Telefone: (21) 3970-9300 FAX: (21) 2507-1991
E-mail: *info@elsevier.com.br*
Escritório São Paulo:
Rua Quintana, 753/8º andar
04569-011 Brooklin São Paulo SP
Tel.: (11) 5105-8555

ISBN 13: 978-85-352-2340-8
ISBN 10: 85-352-2340-1
Edição original: ISBN 1-59139-635-2

Central de atendimento
Tel.: 0800-265340
Rua Sete de Setembro, 111, 16º andar – Centro – Rio de Janeiro
e-mail: *info@elsevier.com.br*
site: *www.campus.com.br*

CIP-Brasil. Catalogação-na-fonte.
Sindicato Nacional dos Editores de Livros, RJ

A869 Assumindo o controle do seu tempo/ Harvard Business School Press; tradução Eduardo Lassere. – Rio de Janeiro: Elsevier, 2007
(Gestão orientada para resultados)

Tradução de: Taking control of your time
ISBN 85-352-2340-1 – 978-85-352-2340-8

1. Administração do tempo. I. Havard Business Review. II. Série.

06-4244. CDD 658.4093
CDU 64.061.4

Sumário

Enfrentando os desafios da gestão do tempo

Tomando decisões rápidas e inteligentes

Prevenindo-se contra a exaustão

Introdução

• • •

Imaginemos que alguém lhe pergunte qual é o aspecto mais frustrante do que você faz. Por acaso você responderia: "Não tenho tempo suficiente, ao longo do dia, para enfrentar todas as minhas responsabilidades"? Se assim for, você não seria o único. No atual cenário de negócios rapidamente mutável, é cada vez maior o número de gerentes que sentem ter perdido o controle do próprio tempo. Na verdade, esse problema parece estar assumindo proporções epidêmicas.

O que é – em termos práticos – perder o controle do próprio tempo? Talvez você esteja se flagrando em cada vez mais reuniões que acabam se revelando improdutivas, desnecessárias e longas demais. Ou quem sabe não consiga aparentemente atender a todos os telefonemas, e-mails ou correio de voz que começam a se empilhar no instante em que você vira as costas. Talvez você esteja achando difícil encontrar tempo para orientar sua equipe ou tomar decisões. Ou não consiga achar aquele documento vital que seu chefe pediu para ver, no meio da papelada que se acumulou sobre sua mesa. E talvez seja melhor nem falar da montanha de revistas e boletins especializados, jornais, relatórios e outros materiais impressos que você deveria ler para ter alguma chance de se manter atualizado em relação às tendências de seu ramo de atividades.

O alto custo do tempo

Se os cenários citados lembrarem a sua vida profissional, você *e* sua empresa estão provavelmente pagando caro. O estresse decorrente da sensação de ter perdido o controle do seu tempo pode acarretar problemas de saúde, tanto orgânicos quanto psicológicos, que, caso passem despercebidos, montam freqüentemente o palco para o drama da total exaustão. E o que é igualmente problemático é que a sua empresa perderá dinheiro. Consideremos as onerosas reuniões que só representam perda de tempo. Uma empresa calculou que um grupo de trabalho estava jogando $390 fora cada vez que se reunia. Esse desperdício totalizava $20 mil anuais, já que o grupo consistia em cinco participantes que ganhavam em média $70 mil anuais e que as reuniões duravam duas horas.

Mas o estresse pessoal e as perdas para toda a empresa não são os únicos custos irrecuperáveis. A perda do controle do seu tempo pode igualmente impor um ônus sobre os seus subordinados. Especificamente falando, você terá mais dificuldade para analisar informações, tomar decisões inteligentes e definir uma direção clara para a sua equipe. Assoberbado pela demanda imediata sobre o seu tempo já escasso, você acabará negligenciando as suas *verdadeiras* responsabilidades: identificar a maneira como a sua equipe pode abordar os grandes desafios, as metas estratégicas e os objetivos da empresa no longo prazo. O planejamento, o raciocínio e a tomada de decisões resvalarão para as minúcias – sua total atenção nos detalhes, em vez das questões de alto nível e das necessidades de sua equipe.

Controlando o seu tempo e obtendo resultados

Compare os calamitosos cenários apresentados, com os resultados que você poderá gerar para a sua empresa quando readquirir o controle de seu tempo. Você poderá proporcionar clara direção e tomar rapidamente as decisões mais acertadas. Irá se manter concentrado nas questões estratégicas de longo prazo, em vez de ser arrastado para os detalhes ínfimos e de curto prazo. Você estará mais capacitado a prever o que deverá fazer em seguida, ampliando, assim, sua capacidade de formular planos mais eficazes para o departamento e para a equipe. E será muito menos afetado pelo estresse e pela irritabilidade – e estará longe dos problemas de saúde.

Todo mundo ganhará. *Você* ganhará, porque sentirá muito mais prazer fazendo o que faz. Os seus *subordinados diretos* ganharão, porque você terá mais tempo e energia para ajudá-los a desenvolver as próprias capacidades e a trabalhar de modo eficaz como equipe. E sua *empresa* ganhará, porque você poderá se concentrar nas atividades exigidas para alinhar o seu departamento e a sua equipe com a estratégia corporativa.

Mas como você poderá dar os primeiros passos no sentido de recuperar o controle de seu tempo – e colher os benefícios para você e a sua empresa? Uma das maneiras é implementar as estratégias fundamentais de gestão do tempo, como subdividir as suas responsabilidades profissionais em categorias diferenciadas (gerenciar pessoas e encarregar-se das tarefas administrativas) e, em seguida, decidir qual é a parcela de seu tempo que você deve dedicar a cada categoria. As estratégias adicionais incluem a criação de declarações formais de missão e a comparação semanal entre estas e as suas atividades.

Mas as estratégias fundamentais não são isoladamente o suficiente. Você também terá que adaptar as suas táticas ao desafio de gestão de tempo em questão. Tirar mais proveito das reuniões, por exemplo, exige abordagens muito diferentes daquelas exigidas para enfrentar a sobrecarga de mensagens ou descobrir como lidar com todo o material cuja leitura ficou atrasada.

Você também poderá se empenhar em "reconquistar" parte desse tempo perdido, aprendendo a tomar mais rapidamente decisões fundamentadas – utilizando, por exemplo, a tecnologia de comunicações e fundindo sua experiência gerencial com a de outros gerentes e incentivando o compartilhamento de informações. Finalmente, você poderá implantar disciplinas que o ajudem a administrar o estresse decorrente da pressão do tempo – tomando, assim, medidas ativas para prevenir a total exaustão.

Este livro inclui textos que irão ajudá-lo em cada uma das quatro áreas – aplicar as estratégias fundamentais de administração do tempo, adaptar as suas táticas aos desafios específicos, tomar rapidamente as decisões mais acertadas e manter a ameaça de exaustão sob controle. Segue-se um roteiro que poderá orientá-lo ao longo da leitura.

Estratégias fundamentais para você administrar o seu tempo

Os especialistas desenvolveram uma série de poderosas estratégias de administração do tempo; os artigos da primeira parte deste livro estão repletas de recomendações. Melissa Raffoni, conferencista da Sloan School do Massachusetts Institute of Technology (MIT), começa pelas dicas testadas e comprovadas, em "Certifique-se de estar investindo o seu tempo em coisas certas". Raffoni delineia um plano em três etapas destinado à alocação do seu tempo: 1) Subdivida suas responsabilidades profissionais em categorias como "expansão e aprimoramento", "gerenciamento de pessoas", "responsabilidades diárias" e "administração". 2) Pergunte-se qual é a parcela de seu tempo que você deve dedicar a cada categoria – e disponha-se a alterar essa alocação semanal, mensal ou trimestralmente, caso seja necessário. 3) Confirme o "alinhamento" com seus supervisores e colegas de trabalho, angariando sugestões sobre a maneira como você subdividiu o seu tempo. Faça, então, o que for necessário para colocar o seu plano em prática – como aprender a dizer "não" aos colegas mal acostumados a pedir as coisas "em cima da hora".

Em "Estratégias para compensar a falta de pessoal", o editor Paul Michelman detalha outras táticas de administração do tempo, inclusive um teste em cinco partes, aplicável à priorização de metas, desenvolvido pela gerente Cheryl Andrus. Visando identificar as metas realmente críticas – para você, sua equipe e a empresa – pergunte-se: "Qual será o impacto econômico de minhas metas?", "Esta meta está alinhada com a estratégia da empresa?", "Como a consecução deste objetivo irá atender aos *stakeholders*?", "De quanta paixão, talento e energia disponho para dedicar a esta meta?" e "Conto com os recursos necessários à consecução deste objetivo?"

"Insights atemporais sobre a maneira de administrar o tempo", de Jim Billington, oferece mais armas para o arsenal de gestão do tempo. Por exemplo: visualize os resultados desejados antes de abordar qualquer tarefa importante. Pergunte-se então como cada uma de suas iniciativas se enquadra nos resultados previstos. Consulte outras pessoas enquanto pensa no assunto – para confirmar se todos objetivam os mesmos resultados.

Em "Organize-se", Constantine von Hoffman recomenda maneiras de manter o seu ambiente de trabalho desobstruído. Organizando seu espaço físico, você aumentará a capacidade de encontrar rapidamente cada informação que seu chefe lhe pede, além de poder colaborar mais eficazmente com as outras pessoas que participam do projeto. As sugestões incluem resistir à tendência a utilizar a sua mesa como "caixa de saída" e eliminar periodicamente os arquivos de documentação e informação que não têm mais utilidade ou relação com o seu trabalho.

Enfrentando os desafios da administração do tempo

Você descobrirá formas de lidar com determinados tipos de desafios relacionados à administração do tempo. Em "Como tirar proveito de todas as reuniões", o diretor de noticiário e informações do Swarthmore College, Tom Krattenmaker, ensina como aproveitar ao máximo a infinidade de reuniões.

Krattenmaker sustenta que as reuniões "são sorvedouros de tempo dispersivos e ineficazes... Mas quando são boas, podem significar tudo para uma organização".

Mas como ter certeza de que as reuniões que *você* conduz ou das quais participa incrementam – em vez de prejudicar – o sucesso da empresa? Antes de mais nada, pergunte a si mesmo se o objetivo da reunião não poderia ser atingido de outra forma – através de e-mails, memorandos ou conversas informais. Se assim for, não convoque a reunião. Exija que os participantes das reuniões façam mais do que simplesmente discutir os tópicos da agenda. Nas palavras de Krattenmaker, "defina objetivos claros em cuja consecução as pessoas possam trabalhar e em relação aos quais possam medir o progresso" e só encerre as reuniões depois que obtiver a concordância de todos. Visando limitar os "calafrios pré-reunião", algumas empresas estão experimentando proibir a realização de reuniões em determinados dias ou horários.

As reuniões não são de maneira alguma os únicos sorvedouros de tempo. Em "Administrando a sobrecarga de mensagens", o psicólogo Dwight Moore aborda a questão do controle da avalanche de mensagens que as novas tecnologias da informação – especialmente o correio eletrônico – acabaram possibilitando. Como explica Moore: "A maioria das comunicações, no mundo eletrônico de hoje em dia, é mais unidirecional que interativa... Uma vez que o remetente geralmente espera uma reação, [essas mensagens] geram uma sensação de urgência e apressamo-nos a respondê-las antes de fazer o que quer que seja."

E Moore aconselha: se você quiser readquirir o controle, comece o dia de maneira diferente – definindo um objetivo estratégico e desenvolvendo um plano para atingi-lo, em vez de abrir correndo o seu e-mail. Responda ao correio eletrônico no fim do dia e não no começo. E ensine às pessoas a mandar e-mails para você. Um executivo, por exemplo, codifica as respostas com o algarismo "1", quando quer dizer "Continue me enviando informações como estas"; "2", quando solicita "Não me mande tantas informações, a menos que eu faça parte dessa equipe"; "3", para dizer "Mande isso para a pessoa responsável, dentro da minha equipe" e assim por diante.

Tal como a "sobrecarga de mensagens", o "atoleiro de informações" – ou seja o maremoto de informações gerado pela Internet e outros avanços de veiculação on-line – pode fazer você perder ainda mais o controle do tempo. Na verdade, e como Edward Prewitt assinala em "Enfrentando o atoleiro de informações": "A sobrecarga de informações prejudica a capacidade do cérebro para realizar tarefas como a análise e a tomada de decisões."

Prewitt fornece oito dicas para reagir. Reduza, por exemplo, a sua lista de fontes de informações diárias apenas às cruciais – aquelas que contêm os dados mais críticos para o seu trabalho. Questione a suposição segundo a qual as informações impressas ou on-line são a melhor maneira de manter-se atualizado. "Os diálogos com (...) pessoas", argumenta Prewitt, "são de forma geral melhores". As pessoas são interativas; os artigos não são. "Não existe nenhum substituto para o cara a cara." Prewitt também recomenda a utilização de *"push sites"* on-line para selecionar suas necessidades específicas de informações. Esses sites permitem que os operadores na Web enviem a você apenas as notícias e os dados que se "enquadram" no perfil de suas atividades.

Adicionalmente às reuniões, a sobrecarga de mensagens e o atoleiro de informações, fenômeno que poderíamos chamar de "sobrecarga de tarefas", podem igualmente apresentar diferentes desafios de gestão do tempo. Em "Estamos supervalorizando as multitarefas?", Jennifer McFarland, sustenta que a tentativa de lidar com múltiplas tarefas, alternando-se entre elas, só prejudica a produtividade. "Até mesmo um desvio de 30 segundos pode ser suficiente para que você perca a concentração", afirma ela. "À semelhança de uma panela de água fervendo, o seu cérebro precisa de tempo para se reaquecer novamente... Os custos relacionados a isso podem totalizar duas a quatro horas por dia." McFarland apresenta sugestões para se enfrentar a sobrecarga de trabalho, como delegar tudo que você não precisa fazer pessoalmente e decretar períodos de tempo em que você não quer ser interrompido.

Tomando decisões rápidas e inteligentes

Complementando as estratégias fundamentais e específicas da gestão do tempo, por meio de táticas centradas na tomada de decisões mais rápidas e inteligentes, você poderá recuperar parte do tempo perdido – e utilizá-la de maneira poderosa. Os artigos desta parte concentram-se na aceleração do processo de tomada de decisões – sem abrir mão da *habilidade* de se tomar decisões.

Edward Prewitt inicia com "Ciclo decisório rápido", em que explica como escolher corretamente, mesmo que suas atividades mudem rapidamente. Prewitt enumera insights dos maiores teóricos e práticos da arte da administração, sobre a maneira de se "agir sabiamente, mesmo que os dados e o tempo disponíveis sejam insuficientes".

Percy Barnevik, por exemplo, CEO da Asea Brown Boveri, advoga mudar a idéia que se faz das decisões rápidas. "É melhor tomar rapidamente as decisões e acertar sete vezes em cada dez, do que se atrasar na busca da solução perfeita"; essa é a recomendação que ele faz a *seus* gerentes. "Uma decisão tardia é uma decisão perdida." Algumas empresas estão transferindo o processo decisório para os clientes em potencial, acelerando o ritmo desse processo. A título de ilustração: "O lançamento de um protótipo no mercado, observando-se a reação e deixando que o mercado 'molde' o produto, chegando até mesmo a identificar os 'galhos' e sugerir soluções em alguns casos... acelera o seu processo de tomada de decisões; você irá reagir às informações do mercado, mais do que àquelas do fim do ciclo decisório."

Em "Liderança acelerada", Robert J. Thomas e Warren Bennis, respectivamente pesquisador sênior da Accenture e professor da University of Southern California, apresentam mais diretrizes para a escolha de uma direção e a tomada de decisões. Segundo os autores, os "líderes em velocidade" enfrentam situações decisórias confusas ou pouco conhecidas, valendo-se de uma abordagem que eles mesmos batizaram de "AAA" – sigla de "agir", "aprender" e "adaptar". Valendo-se da AAA, você "experimenta para ampliar o que já sabe... mantendo-se permanentemente atento ao que você não sabe".

Você também poderá acelerar o processo decisório, aprendendo a partir de uma série de fontes de informação. Como? Experimente olhar o mundo sob mais de uma perspectiva – a sua, a de seus subordinados e pares e a de seus clientes e pessoas comuns. Colocando-se constantemente no lugar de outras pessoas, você irá "gerar uma tensão – um estado de alerta" que o levará a perceber elementos que até então não havia notado.

Talvez não exista situação que exija mais decisões rápidas e inteligentes do que aquela em que você apenas começou a trabalhar numa empresa agressiva. Em "Um conselho aos líderes em novos cargos", Jennifer McFarland apresenta estratégias para você "já chegar correndo". Como ela esclarece, é vital "contar com gente energizada e concentrada na solução de problemas importantes, durante os primeiros seis meses".

Mas como implementar uma "filosofia rápida, sem massacrar as pessoas de quem você mais precisa"? Aprenda o quanto puder sobre as questões estratégicas que sua unidade ou organização enfrenta *antes* de seu primeiro dia no emprego. Negocie esse período de preparação com o seu novo chefe e utilize-o para conversar com as pessoas de toda a organização, bem como com as pessoas que a deixaram. Mas resista a qualquer presunção de acreditar que você deverá chegar com as respostas "na ponta da língua". A crença em sua capacidade de "fazer tudo sozinho" poderia levá-lo a um tombo. "Chegue já preparado com uma idéia do que deve ser feito, mas leve em conta que você ainda terá muito a aprender" – o que poderá conseguir abrindo espaço para os conselhos oferecidos pelas pessoas.

Em "Não jogue dinheiro (ou tempo) fora se algo não der certo", Jimmy Guterman faz outras recomendações sobre a tomada de decisões, sob pressão. Mais especificamente, os gerentes tendem a tomar decisões desavisadas depois que investiram tempo ou dinheiro em alguma iniciativa que não deu certo. Como evitar a armadilha do "que foi investido", de forma a não levar o empenho da empresa, em um produto, pessoa ou estratégia, além de um ponto razoável? Resista a qualquer tentação de tomar decisões apenas para justificar decisões anteriores. E fique atento à tendência a confundir tempo e dinheiro – você se torna mais indefeso à armadilha do "que foi investido" quando estabelece essa relação.

Em "Quais deverão ser os projetos prioritários?", Paul Michelman aborda os desafios peculiares à escolha dos projetos que deverão ser colocados no topo de sua lista de prioridades, e delineia um processo referente a essa escolha crucial, incluindo etapas como analisar a maneira como cada projeto se alinha com a estratégia corporativa de sua empresa, escolher os projetos que terão maior impacto imediato e priorizar os projetos juntamente com seu chefe.

Prevenindo-se contra a exaustão

Nenhuma das estratégias que você conhecerá nas três primeiras partes do livro terá valor completo se você não tomar medidas para administrar o estresse decorrente da pressão temporal – um estresse capaz de acarretar a exaustão. Você não pode eliminar *todo* o estresse gerado pelo trabalho nem gostaria de eliminá-lo. Algum nível de estresse pode, na realidade, ser útil. Os artigos desta parte detalham disciplinas e rotinas mentais diárias que podem ajudá-lo a impedir que o estresse atinja níveis destrutivos.

Em "Entendendo e evitando os grilhões do tempo", David Stauffer recomenda mudanças de atitude e práticas capazes de ajudar ainda mais na eliminação do estresse relacionado ao tempo. Para ilustrar isso, o autor aconselha "inverter a sua relação com o tempo". Nas palavras de Stauffer: "Mantenha distância da idéia segundo a qual determinadas atividades devem ser continuamente adiadas perante as 'exigências' de outras. Perceba que as atividades que você valoriza são tão importantes quanto as que você se sente obrigado a realizar; na verdade, as primeiras são invioláveis."

Visando modificar a sua maneira de pensar, conforme preconizado por Stauffer, "modifique o seu diálogo interior", recorrendo a "afirmações" – declarações positivas como "Eu controlo a maneira como invisto meu tempo", repetindo-as para si mesmo. Admita também que você não consegue "fazer tudo" – e tenha em mente que não há nada de errado nisso. A alternativa? "Estreite o seu campo", tomando as difíceis decisões quanto àquilo que mais merece a sua atenção. Você também poderá praticar a resistência à "progressiva necessidade de concluir as tarefas" – ou à "doença da pressa" – aprendendo a valorizar o fazer e não apenas o que já foi feito. Os problemas e os atrasos fazem parte da vida; aceitando esse fato, você se sentirá menos estressado.

Stauffer acrescenta ainda a recomendação "Intensifique sua capacidade". Neste artigo, você encontrará uma infinidade de sugestões sobre como controlar o estresse relacionado ao tempo. Os exemplos incluem a "medicina" preventiva, adotando-se e respeitando-se bons hábitos de saúde, como exercitar-se regularmente e alimentar-se de forma responsável. Stauffer também aconselha dedicar seus melhores momentos do dia (quando você se sente mais energizado e concentrado) às tarefas mais árduas e relegar os piores momentos ao "trabalho automático".

As outras sugestões deste artigo incluem descontração com "brincadeiras divertidas e infantis", bem como estabelecer a empatia com outras pessoas, visando amenizar a preocupação improdutiva. Como disse Edward M. Hallowell, conferencista da Harvard Medical School entrevistado por Stauffer, "A pertinência... a sensação de fazer parte de alguma coisa maior que você mesmo" pode neutralizar o efeito negativo das preocupações. Mas como cultivar essa pertinência? Cumprimente os colegas de trabalho. Combine almoços. Peça conselhos. Segundo Hallowell: "Sem essa pertinência, você se preocupa. Com ela, você se empenha."

Em "Cinco perguntas sobre o incentivo à delegação de maior poder", Jeffrey Pfeffer, professor de comportamento organizacional na Stanford University, comenta suas percepções relativas a outra fonte de pressão temporal que pode aumentar o estresse e, em última instância, resultar na total exaustão: a incapacidade de delegar. Segundo Pfeffer, muitos gerentes "relutam naturalmente em delegar responsabilidades" porque a organização venera os "líderes heróicos". Os gerentes que receberam recompensas visíveis, como escritórios elegantes e vagas de estacionamento reservadas, acham difícil "confiar responsabilidades aos subordinados cujos objetivos são consideravelmente inferiores aos seus". As conseqüências? Os gerentes assumem cada vez mais as tarefas e responsabilidades de seus subordinados – sujeitando-se cada vez mais à pressão do tempo.

Visando combater essa tendência, comece a examinar suas atitudes relativas à delegação. Questione eventuais pressupostos quanto ao que a empresa irá pensar se você começar a delegar cada vez mais. A verdade é que a delegação é boa para você, para seus subordinados *e* para a empresa. Como explica Pfeffer: "Conceder mais autonomia às pessoas, relativa às decisões pertinentes ao trabalho de cada uma, gera produtividade e eleva o moral e o envolvimento." Sua empresa também pode adotar medidas visando cultivar um ambiente que incentive a delegação. Por exemplo: a atribuição de equipes e responsabilidades maiores, aos gerentes, dificulta o microgerenciamento. E a eliminação dos símbolos de status transmite a mensagem de que a empresa tem uma cultura igualitária, o que estimula a delegação.

Assumir o controle do tempo não é evidentemente tarefa fácil. Inúmeras forças – entre elas o acelerado ritmo dos negócios, as expectativas e as atitudes culturais e os avanços tecnológicos – conspiram para dificultar mais o controle do tempo por parte dos gerentes, levando-os a *serem* eles os controlados pelo tempo. Não obstante, o problema *é* superável se você implantar e colocar em prática disciplinas de gestão do tempo e observar friamente suas próprias atitudes relativas ao tempo.

E da mesma forma que você pode aprender a priorizar suas responsabilidades profissionais, você aprenderá a enfrentar seus mais dilacerantes problemas de gestão do tempo. Se, por exemplo, as inúmeras sugestões deste livro parecerem avassaladoras, comece por selecionar algumas táticas poderosas, relacionadas ao problema de gestão do tempo que você considera ser o pior – como as reuniões improdutivas, a sobrecarga de mensagens ou o atoleiro de informações. Se o estresse for seu maior problema relacionado ao tempo, concentre suas energias na prevenção da estafa. E se você estiver numa situação em que a rápida tomada de decisões eficazes é crucial, concentre-se em aprender a fazer as melhores escolhas, apesar do tempo limitado ou das informações inadequadas à sua disposição.

Depois de ter lido os artigos deste livro, reserve alguns momentos para pensar na maneira como você começará a aplicar as estratégias que descobriu. Pergunte a si mesmo: "Quais são meus piores problemas de gestão do tempo? Quanto custam esses problemas para minha empresa, em termos de perdas financeiras, produtividade reduzida ou moral em queda? Quais seriam as técnicas capazes de oferecer a *maior* alavancagem, na minha situação? Que mudanças eu poderia fazer agora, para reconquistar o controle de meu tempo?"

Como acontece com qualquer habilidade gerencial, aprender a controlar o tempo exige treinamento. E exige também tolerância em relação à experimentação e aos erros – uma disposição para examinar e escolher, entre as muitas técnicas diferentes, aquelas que melhor funcionarão em seu caso. Mas como já descobriram muitos gerentes anteriormente imobilizados pelo tempo, esse esforço renderá vantagens valiosas – para você, sua equipe *e* a organização.

Estratégias fundamentais para você administrar o seu tempo

• • •

Visando ajudar os gerentes confusos, os especialistas em gestão do tempo desenvolveram verdadeiro arsenal de técnicas e ferramentas para você recuperar o controle de seu tempo. Não importa quais forem os desafios de gestão do tempo mais prementes em seu caso, as estratégias detalhadas nos artigos desta seção poderão ajudá-lo.

Mais especificamente, você encontrará uma série de recomendações sobre como priorizar os vários objetivos que está empenhado em atingir como parte de suas responsabilidades gerenciais. A priorização – incluindo decidir quais são as iniciativas mais importantes para os objetivos estratégicos de sua empresa – permitirá que você distribua proativamente o seu tempo, em vez de simplesmente reagir às pressões conforme surgem. Outro tema que emerge desta seção centraliza-se na importância de manter a organização de seu espaço de trabalho – que se transforma diretamente em tempo economizado.

Certifique-se de estar investindo o seu tempo nas coisas certas

• • •

Melissa Raffoni

"A conquista de novos clientes costumava consumir 20% de meu tempo", afirma Allan Huntley, CEO da Abacus Travel, de Peabody, Massachusetts. "Mas devido à diminuição do volume de negócios, o total de nossos clientes encolheu mais de 25%. Em vista disso, tornei-me muito concentrado em administrar a prioridade máxima. A conquista de novos clientes consome agora 40% a 50% de meu tempo."

Com as economias regionais do mundo todo enfrentando calmarias, aumenta o número de executivos que estão sacudindo as árvores na tentativa de repor as receitas perdidas. Mas Huntley está igualmente falando de um desafio maior: a necessidade de conseguir manter a distribuição de seu tempo em sintonia com as condições atuais. O prolongado "ajuste" do mercado pode ser realmente desanimador, mas pode igualmente funcionar como alerta para que os gerentes implementem um ajuste correspondente, ao qual deverão dedicar a maior parte de suas iniciativas.

Embora a maioria dos gerentes compreenda intelectualmente que o tempo é seu recurso mais escasso, poucos tomam a iniciativa de subir na mesa para obter uma perspectiva estratégica da maneira como distribuem as horas de trabalho a cada semana. E menos ainda adotam a prática de se olhar periodicamente no espelho, ou seja, rastrear se as prioridades que alardeiam estão de acordo com a maneira como realmente distribuem o tempo.

"As pessoas que consideramos líderes natos sabem como alavancar o próprio tempo", afirma Warren Blank em *The 108 Skills of Natural Born Leaders*. Quanto àqueles em que esse talento não é inato, resta elaborar um plano destinado a alavancar seu próprio tempo.

1: Subdivida as responsabilidades em categorias distintas

Essas categorias irão variar conforme o cargo, mas terão que ser tanto estratégicas quanto táticas; identifique no máximo seis.

Crescimento e aperfeiçoamento

Esta categoria se concentra nas oportunidades e não nas crises, sendo freqüentemente aquela onde é maior o valor agregado que você acrescenta à sua unidade ou empresa. No caso de um gerente de produto, é o tempo que ele dedica à inovação; para o gerente de operações, é o tempo que ele consagra ao aperfeiçoamento dos processos; quanto ao executivo sênior, é o tempo que dedica à estratégia. O desafio é manter o tempo alocado a essas sacrossantas atividades de alta alavancagem – e não deixar que estas sejam colocadas de lado pelas necessidades mais prementes, porém menos importantes.

As listas de coisas a serem feitas terão utilidade apenas limitada, a menos que você pratique o enquadramento do tempo. Estabeleça parâmetros referentes ao tempo que você planeja dedicar a cada tarefa.

Gestão de pessoas

Você talvez queira subdividir essa categoria em três subcategorias: gerenciar para cima, gerenciar horizontalmente e gerenciar para baixo. Os gerentes sabem muito bem que o *coaching* e a orientação lhes permitem maximizar a alavancagem e que, especialmente nas épocas de "vacas magras", isso os ajuda a lembrar que não se consegue gerar eficiência sem um alinhamento lateral e ascendente. Além disso, todo mundo admite que a comunicação é fator crítico, mas resta saber como muitas pessoas reservam realmente algum tempo para ela. Não permita que sua comunicação venha a faltar – em nenhuma dessas três dimensões – no afã de concretizar suas previsões.

Responsabilidades primordiais do dia-a-dia

Dependendo do cargo que você ocupa, esta área também pode ser subdividida, entre – digamos – vender *e* prestar serviços.

Administração

A administração inclui as tarefas imprescindíveis, como avaliar as necessidades materiais de seu departamento, entrevistar candidatos, atender à correspondência convencional e eletrônica, preencher planilhas cronológicas e relatórios de despesas e redigir avaliações do desempenho. Prepare-se para um choque quando somar as horas que você dedica a essas tarefas.

2: Pergunte a si mesmo qual a porcentagem de tempo que você deve dedicar a cada categoria

Blank recomenda que, antes de atribuir esses percentuais, você pergunte a si mesmo: "Admitindo-se que realmente quero me confirmar como líder, qual será a melhor forma de utilizar o meu tempo?" Para responder a essa pergunta, pondere as conflitantes exigências impostas a seu tempo: as atividades que permitem a você gerar mais alavancagem, as prioridades estratégicas da empresa e as necessidades mais imediatas de seus supervisores, subordinados e clientes diretos. Uma vez atribuídos os percentuais, transforme-os nas cargas horárias referentes a cada categoria. A carga horária total é realista e sustentável, dentro do intervalo temporal que você está analisando?

Para ser útil, a distribuição de seu tempo talvez tenha que ser modificada trimestral, mensal ou mesmo semanalmente. "No início deste ano, nossa equipe de vendas teve problemas para conquistar novos clientes", afirma Huntley. "O resultado disso foi que acabei me tornando muito mais envolvido. Hoje passo um dia inteiro por semana participando de reuniões de vendas e marketing."

3: Verifique o alinhamento com seus superiores e colegas

Submeta a distribuição de seu tempo à apreciação de seu gerente e dos colegas; peça a eles que mostrem a deles, caso seja possível. A discussão da distribuição do tempo de cada um com os membros de sua equipe de liderança proporcionará concentração e coesão ao grupo, afirma Huntley. "Recebo relatórios sobre o progresso obtido, após as rápidas reuniões semanais da equipe executiva. Baseando-me nessas atualizações, decido como irei distribuir meu tempo na semana ou na quinzena seguinte."

Agora que você já tem um plano de alavancagem de seu tempo, tudo que você precisa fazer é ser impiedoso na sua execução.

Audite seu tempo

Abra a agenda na última semana e avalie a utilização do tempo que você acabou de alocar a cada categoria. Isso lhe dará uma visão de quanta adaptação será necessária para seguir em frente. Registre a maneira como você distribuiu o tempo em uma agenda do tipo semanal. Para muitos, o próprio exercício será meia batalha ganha (veja "Amostra de cronograma histórico semanal de um consultor gerencial"). "Na última vez em que mantive um cronograma histórico, fiquei surpresa ao constatar que, quando estou no escritório, passo quase metade de meu tempo ao telefone, atendendo ligações ou deixando recados para pessoas que não encontro", informou Elaine Biech em *The Consultant's Quick Start Guide*.

As auditorias de tempo, acrescenta Blank, também podem "revelar quando e como você desvia a atenção das coisas que são importantes". Será que o *multitasking* está realmente ajudando-o a ser um gerente melhor? Essa habilidade é periodicamente classificada como condição *sine qua non* das modernas aptidões gerenciais, mas estudo realizado por Joshua Rubinstein, David Meyer e Jeffrey Evans indica que as pessoas sentem alguma coisa semelhante ao "bloqueio do escritor" cada vez que têm de passar de uma tarefa para outra. Quanto mais complicada for a tarefa que você está deixando de lado ou abordando, maior é o custo em termos de tempo; ou seja, quanto mais demorar para você iniciar a nova tarefa, adotar o quadro mental correspondente e depois "deslanchar" novamente, quando retornar à tarefa original, maior será o custo. Tudo somado, o estudo avalia que o custo dessa alternância reduz em 20% a 40% a eficiência de uma empresa.

Exercite o enquadramento do tempo

As listas de coisas a serem feitas terão utilidade apenas limitada, a menos que você exercite o enquadramento do tempo. Estabeleça parâmetros referentes ao tempo que você planeja dedicar a cada tarefa. Ao elaborar sua lista, avalie cuidadosamente o tempo que cada tarefa irá exigir e registre-o em sua agenda. Esse exercício não só o ajudará a concluir as tarefas da lista como também melhorará sua capacidade de avaliar o tempo e controlar as ex-

Amostra de cronograma histórico semanal de um consultor gerencial

Categoria	Porcentagem do tempo alocado/horas por semana	Tempo realmente dedicado – horas						Porcentagem total/horas por semana
		Segunda	Terça	Quarta	Quinta	Sexta	Sábado	
Crescimento e aperfeiçoamento metodologia dos projetos administração dos projetos	10%/4					1		2,5%/1
Gente (da equipe)	5%/2	0,5	1			0,5		5%/2
Gente (acima e horizontalmente)	5%/2	0,5		1		0,5		5%/2
Apoio às vendas	15%/6	1	2	2		1		15%/6
Prestação de consultoria e administração dos clientes	60%/24	3	4	5	7	4		57,5%/23
Administração	5%/2	3	1		1	1		15%/6
Total	100%/40	8	8	8	8	7	1	100%/40

Para onde foi o tempo? No caso deste consultor, as tarefas administrativas estão reduzindo o tempo que deveria ser dedicado a crescimento e aperfeiçoamento.

pectativas dos circunstantes. E, muito especialmente, se você estiver assumindo um novo cargo ou enfrentando uma nova tarefa, solicite ajuda para avaliar o tempo necessário à execução de cada tarefa – caso contrário, você se arriscará a "furar" os prazos e frustrar gravemente as expectativas.

Preste atenção às áreas em que você é mais "fraco"

Se você delegar eternamente as tarefas que não executa lá muito bem, seus pontos insatisfatórios irão persegui-lo ao longo de toda a carreira. Reconheça suas deficiências, mas use uma estrutura de contenção. Muitos gerentes, por exemplo, têm dificuldade em dizer "não" aos colegas que fazem habilidosamente solicitações inesperadas. Informe a essas pessoas quais são as prioridades relativas à alavancagem de seu tempo e incentive-as a programar antecipadamente as reuniões que desejam manter com você.

"A maioria das pessoas administra suas vidas por meio de crises", afirma Stephen Covey em *Liderança baseada em princípios*. "O único momento em que elas estabelecem prioridades ocorre entre um problema e aquele seguinte." Mas os gerentes eficazes se concentram nas oportunidades, acrescenta ele, e estruturam, correspondentemente, suas programações. "A menos que apareça alguma coisa mais importante e não apenas mais urgente, temos que nos disciplinar a respeitar o que foi planejado."

Leituras Adicionais

"Executive Control of Cognitive Processes in Task Switching". Joshua Rubinstein, David Meyer e Jeffrey Evans (*Journal of Experimental Psychology: Human Perception and Performance*, Vol. 27, n. 4, agosto de 2001).

Lierança baseada em princípios. Stephen R. Covey (2002, Campus/Elsevier).

The 108 Skills of Natural Born Leaders. Warren Blank (2001, AMACON).

The Consultant's Quick Start Guide: An Action Plan for Your First Year in Business. Elaine Biech (2001, Jossey-Bass/Pfeiffer).

Reimpressão U0110D

Estratégias para compensar a falta de pessoal

• • •

Paul Michelman

Conheça Cheryl Andrus: Administradora. Sobrevivente. Vice-presidente responsável pelo marketing da empresa e dos produtos da Franklin Covey, Andrus foi convencida a também se encarregar de uma das linhas de negócios da empresa, em agosto de 2002. Juntamente com essa nova responsabilidade, veio a obrigação de melhorar em 50% o lucro líquido da empresa, ao longo do ano seguinte.

Para conseguir isso, Andrus sabia que precisaria de uma equipe focalizada e dedicada. Mas a equipe que recebeu estava sobrecarregada. Na verdade, pesquisa interna indicou que 60% dos 48 subordinados de Andrus acreditavam já estarem trabalhando no máximo da capacidade e não conseguiriam dar conta de mais nada. (A média nacional do coeficiente xQ da Franklin Covey era de 50%.)

E mais: ao longo dos seis meses seguintes, o tamanho do quadro de funcionários de Andrus, já insuficiente, iria encolher de 48 para 35 – embora as expectativas da empresa não reduzissem a marcha.

Andrus tinha um considerável desafio pela frente. Talvez você esteja tentando gerenciar do seu jeito, em um cenário identicamente exigente. Tentando realizar tudo que costumava ser feito por duas ou três pessoas; você talvez esteja estressado, quem sabe se sentindo mais do que subvalorizado. Anime-se: você pode apagar esse incêndio e dar a volta por cima – se tiver uma estratégia.

Um plano bem elaborado, visando administrar você mesmo, a sua equipe e até o seu chefe, ao longo desses tempos difíceis, irá não só ajudá-lo a enfrentar os novos encargos que lhe foram confiados, como também o ajudará a reverter essa onerosa situação, transformando-a em um trampolim para o futuro crescimento.

Comecemos pelo que você não deverá fazer: "A receita infalível do fracasso é absorver tudo e tentar dar conta de tudo", afirma Isabel Parlett, da Parlance Training, uma empresa especializada em comunicação no âmbito da empresa. "Você ficará estafado, a sua equipe ficará ressentida, a sua reputação sairá prejudicada e o trabalho acabará não sendo feito."

Inversamente, se você relutar em aceitar os novos deveres, no momento em que a empresa estiver por baixo, talvez não goste da reação. Mesmo que não acabe na ponta errada de uma futura lista de demissões, você provavelmente será rotulado com a temível pecha de "não saber trabalhar em equipe" e as futuras oportunidades poderão acabar severamente afetadas.

Mas, então, qual a receita da autogestão bem sucedida nesse clima econômico? Os ingredientes incluem equilíbrio, concentração, comunicação eficaz e mais que uma dose de dinamismo.

Tudo isso foi, sem dúvida, evidente na reação de Andrus àquele dilema de tamanho considerável. "Eu tinha um problema", diz ela, "mas havia coisas bem específicas nas quais me concentrei para atravessar aquele período sombrio e gerar valor para a empresa", Seguem-se duas facetas da abordagem que ela adotou.

1: Manter-se concentrado

Já que não poderia evidentemente realizar tudo que estava em sua agenda, Andrus concentrou-se "muito intensamente" em determinar quais eram os objetivos realmente críticos – para ela, para a equipe e para a empresa. Para isso, ela aplicou um "teste de pH" em cinco partes a cada um dos objetivos visados, formulando as seguintes perguntas:

- "QUAL É O IMPACTO ECONÔMICO?" Como esse objetivo afetará economicamente a empresa e a fará avançar?
- "ESTE OBJETIVO ESTÁ ALINHADO COM A ESTRATÉGIA DA EMPRESA?" Numa época de estratégias empresariais rapidamente mutáveis, é fundamental avaliar constantemente os objetivos individuais e em equipe, a fim de garantir que todos eles se enquadrem nos objetivos da empresa.
- "COMO ISSO ATENDERÁ AOS STAKEHOLDERS?" Qual é a importância disso para o seu chefe, a sua equipe e os demais interessados?

- "QUAL É O NÍVEL DA MINHA PAIXÃO, DO MEU TALENTO E DA MINHA ENERGIA, EM RELAÇÃO A ISSO?" Se você não conseguir reunir esses três fatores, não conseguirá retorno adequado que corresponda a seu esforço.

- "DISPOMOS DE TODOS OS RECURSOS?" Existe tempo, dinheiro e outros recursos necessários, suficientes para a consecução do objetivo?

Em última instância, Andrus afirma que você não conseguirá decidir inteiramente sozinho quais os objetivos imperiosos. "Depois que atravesso sozinha esse processo, converso com meu chefe para confirmar se me alinhei com ele e os demais *stakeholders*. É necessário manter-se receptivo e prestar atenção à maneira como seu chefe reage a sua análise. Concentrando-se especialmente no impacto econômico e na estratégia, você estará falando a língua que ele entende e isso fará com que você pareça sensato."

Muitos gerentes se deixam intimidar pela perspectiva de enfrentar esse tipo de diálogo com seus chefes, assinala Thomas DeLong, que ensina comportamento organizacional na Harvard Business School. "Surpreende-me que, embora as organizações se disponham a metrificar o sucesso em tempos difíceis, tão pouca gente se disponha a dialogar sobre o que deve fazer para atingir os objetivos", afirma DeLong.

Para a maioria das pessoas, a coisa mais dura é iniciar uma discussão desse tipo, prossegue DeLong. Trabalhando junto a empresas de serviços profissionais, ele constatou que muita gente prefere trabalhar 80 horas por semana em vez de manter diálogos penosos sobre sua carga de trabalho.

Sendo assim, como tocar nessa questão delicada? "Em caso de dúvida, confesse o dilema", afirma DeLong.

Você pode iniciar o diálogo com seu chefe, dizendo, por exemplo: "Estou entusiasmado com as oportunidades a meu dispor. Mas tenho dez grandes oportunidades e uma equipe que só pode atender a quatro. O que o senhor faria, se estivesse em meu lugar?"

2: Destacar as pequenas vitórias

Quando sua equipe estava cheia de receio e sentindo-se esgotada, Andrus recorria às pequenas vitórias como ferramenta motivacional. Primeiro, é necessário verificar se todos entendem a estratégia de longo prazo, afirma ela. Em seguida, "se você conseguir que as pessoas se concentrem nos resultados atuais, até mesmo as pequenas conquistas podem levar as pessoas a se sentir energizadas, muito rapidamente".

Andrus pratica o que os produtos da empresa preconizam: realiza reuniões regulares com a equipe e individuais com os subordinados; ela também sublinha a importância de estabelecer prioridades diárias e semanais. É tudo parte da garantia de que os objetivos a curto prazo apóiem aqueles de longo prazo.

A estratégia de Andrus parece estar funcionando bem. Ela ainda preserva a sanidade mental e sua equipe está evoluindo: "O começo foi lento, mas estamos progredindo cada vez mais rápido, mês após mês. A esta altura, parece que conseguiremos [melhorar em 50% o lucro líquido da empresa] lá pelo fim do ano."

Melhores práticas

As vicissitudes de Andrus e a estratégia por ela adotada se enquadram perfeitamente nos melhores conselhos que ouvimos de uma série de especialistas em autogestão. Seguem-se as sugestões que eles fazem aos gerentes sobrecarregados.

Dê um passo à frente

"Ninguém em uma organização quer ser aquele que decide quem tem que ceder" quando há pessoal de menos, afirma Parlett, da Parlance Training. "Todo mundo joga o jogo 'batata quente', empurrando o problema organograma abaixo até que alguém acaba sendo o bode expiatório, porque não foi capaz de operar um milagre. Dar um passo à frente e convocar todos a analisar o que pode ou não ser conseguido pode transformá-lo em herói. Você assume o que ninguém mais quer fazer e concentra suas iniciativas em obter os resultados que constatou serem os mais significativos."

Promova alianças

"Os gerentes sênior devem desenvolver redes de alianças internas", afirma Larraine Segil, autora de *Dynamic Leader, Adaptive Organization: Ten Essential Traits for Managers* (John Wiley, 2002). Essas redes consistem em relacionamentos intergrupais, estrategicamente traçados de forma a incluir os *stakeholders* diretamente relacionados às áreas de influência dos gerentes. As alianças internas não só ampliam suas atuais iniciativas, como também ajudam a evidenciar o trabalho que você faz.

"Abaixar a cabeça perante a carga de responsabilidades irá colocar sua visão pessoal e estratégica numa 'sinuca de bico', no interior de sua própria organização", adverte Segil. Se você perder a oportunidade de influenciar os principais formadores de opinião, eles não poderão ajudá-lo quando você precisar de ajuda, mais tarde.

DeLong afirma que os executivos devem formar redes de "gente que diz a verdade". Segundo ele, você deve identificar, dentro da organização, duas ou três pessoas "que lhe digam o que você não gosta de ouvir e forneçam uma imagem correta de quem você é, quando não está na sala". E acrescenta: "A última coisa que queremos, quando as coisas andam difíceis, é que as pessoas nos digam o que elas acham que queremos ouvir."

Gerencie "para cima"

"Recorde a seus superiores que você tem responsabilidades a mais", afirma Susan Battley, CEO da Battley Performance Consulting e psicóloga-chefe de muitas empresas *Fortune 500.* "Sendo a natureza humana aquilo que é, eles tenderão a esquecer ou ignorar essa mudança se você não os lembrar." Isso pode ser tarefa espinhosa, já que você não quer ser considerado um oportunista "chorão" em tempos difíceis. Busque o feedback regular de seu chefe acerca de seus deveres ampliados, recomenda Battley. "Isso pode constituir um lembrete sutil e eficaz", afirma ela; essa busca mantém seus novos deveres na consciência freqüentemente "esfrangalhada" de seu supervisor, evidenciando simultaneamente que você está contribuindo da maneira mais eficaz possível.

> As reuniões periódicas da equipe, juntamente com muitas reuniões frente a frente, ajudam a garantir que os objetivos a curto prazo apóiem aqueles de longo prazo.

Concentre-se em novos deveres

Quando se está sobrecarregado por novos projetos, é muito fácil não dar a eles a importância que, sem dúvida, merecem. Em nome da sobrevivência, é tentador certificar-se apenas de que você sabe o bastante para administrar os processos atuais e deixar a coisa nesse pé. Essa abordagem ignora uma excelente oportunidade, segundo Felicia Zimmerman, autora de *Reinvent Your Work: How to Rejuvenate, Revamp, ou Recreate Your Career* (Dearborn Trade Publishing, 2001) e presidente da Zimmerman Communications.

Se você se der ao trabalho de realmente compreender as responsabilidades de sua equipe, poderá oferecer a ela uma nova perspectiva sobre como tornar seu trabalho estrategicamente mais valioso. "Mantenha a equipe concentrada naquilo que ela pode fazer de maneira diferente, para obter melhores resultados e maior eficiência", afirma Zimmerman. Fazendo isso, você agregará mais valor agora e estará preparado para agregar mais valor amanhã.

Para se posicionar, comece pela equipe

Quando se está assumindo novas responsabilidades, é tentador começar a se considerar um componente essencial para a sobrevivência da empresa – ou pelo menos para seu sucesso no curto prazo. Não obstante, Zimmerman desaconselha tentar aproveitar essa situação até que você tenha apresentado resultados concretos. E quando fizer a sua "jogada", tenha o cuidado de atribuir seu sucesso ao desempenho da equipe.

"Você deve conversar informalmente com seu chefe, com certa regularidade", afirma Zimmerman. "Durante uma pausa para o café, mencione como sua equipe está reagindo bem aos desafios e os resultados que ela está obtendo; enfatize sempre a equipe e não você, individualmente."

Recorra a esses diálogos informais para estabelecer os próximos passos. Se sua equipe tiver, por exemplo, aprendido lições valiosas, capazes de proporcionar vantagens às outras áreas sob o comando de seu supervisor, ofereça-se para ministrar algum treinamento aos outros departamentos. Esse tipo de abordagem proativa gera valor imediato e demonstra o seu compromisso com a organização.

Só você poderá decidir o que irá aproveitar da história de Andrus e como poderá aplicar as orientações dos especialistas. Mas quase todo mundo conseguirá tirar pelo menos uma pequena lição da seguinte observação: "Muitos executivos ficam apenas sentados em suas salas, esperando que alguma coisa se desarranje", assinala Zimmerman. "Ou, pior ainda: muitos enterram a cabeça na areia, como se fossem avestruzes. Quando alguém faz isso, revela-se outra parte da anatomia de cada um."

Reimpressão U0306B

Insights atemporais sobre a maneira de administrar o tempo

• • •

Jim Billington

O começo de um novo ano é, por motivos evidentes, uma época de vacas gordas para os fabricantes de agendas de mesa e engenhocas eletrônicas de planejamento pessoal. Mas quanto você deve investir para ingressar nessa tecnologia? Talvez menos do que você pensa, segundo os especialistas. O que de melhor se sabe acerca da gestão do tempo sugere que, embora você possivelmente não queira jogar fora os *gadgets* eletrônicos, eles não deverão ser o seu grande guia nesta área. A utilização correta do tempo envolve mais as prioridades que as agendas, mais a concentração do que a atividade frenética.

Os livros sobre a maneira como você deve administrar o tempo entram e saem de moda e outro autor que abriu caminho até a lista dos mais vendidos é Stephen Covey, com seu *Primeiro o mais importante*. Resumindo a filosofia de Covey, que recapitula parte da sabedoria clássica sobre a questão, "O que importa é que o principal continue sendo o principal". Pode-se até notar o eco daquilo que Peter Drucker escreveu há 30 anos em *The Effective Executive*: "Fazer o que é certo é mais importante do que fazer as coisas de maneira certa."

Apesar dessa sabedoria, ainda há muita literatura sobre gestão do tempo, que enfatiza como você pode fazer mais coisas, mais rapidamente – em essência, como administrar uma lista de coisas a serem feitas. Essa deformação do raciocínio alimenta as vendas das engenhocas eletrônicas, resultando freqüentemente em caríssimos pesos para papéis e gerentes exaustos. Deve existir forma melhor – e, na verdade, existe. Pesquisamos a literatura sobre a questão e até participamos de um seminário de Covey; e a título de poupar o que você bem sabe, tecemos o que nos parecem ser alguns *insights* críticos.

Comece pela sacada

Visualize o resultado final quando se lançar a algum trabalho importante. Conceba, tão detalhadamente quanto possível, o resultado que você quer atingir, a partir de suas iniciativas individuais ou das iniciativas de sua equipe. Se isso ajudar, raciocine em termos daquilo que Ronald A. Heifetz, um dos autores de "The Work of Leadership" (*Harvard Business Review*), chama de "chegar à sacada" – observar toda a área de atuação e verificar onde seu empreendimento se enquadra. Quase certamente você irá consultar outras pessoas para formar essa imagem, especialmente aquelas a quem você se reporta. Se você e seu chefe estiverem procurando resultados diferentes, nem toda sua eficiência conseguirá esclarecer essa confusão; na verdade, você talvez acabe apenas caindo mais rapidamente em um buraco.

> O objetivo da gestão de tempo bem fundamentada é permitir que você dedique a maior parte de seu tempo àquilo que é realmente importante, embora não seja relativamente urgente.

As "declarações da missão" têm hoje em dia uma reputação que não é das melhores, mas elas podem ajudá-lo a manter seus projetos de curto e médio prazos alinhados com o objetivo de longo prazo. Covey recomenda elaborar declarações da missão pessoais e profissionais e, em seguida, comparar semanalmente tudo que você faz às declarações originais. Ao redigir essas declarações, use o conhecido princípio da lápide mortuária: identifique as metas que você gostaria que ficassem gravadas para sempre como um resumo de sua vida pessoal e profissional.

Se o trabalho não for necessário, será necessário não fazê-lo

É um truísmo, mas é verdade: seu tempo é precioso. Além disso, seu talento é importante demais para ser desperdiçado em coisas que não contribuem diretamente para a missão de sua organização ou sua vida pessoal. Em 7 *Survival Skills for a Reengineered*

World, William Yeomans sugere que a maneira mais correta de se diferenciar o que é necessário é ponderar adequadamente todas as decisões e ações em termos do efeito que elas terão sobre seus clientes. E obter uma visão mais ampla de quem são seus clientes – não só as pessoas às quais você vende, os seus colegas ou o seu chefe, mas também seus entes e amigos queridos.

Supere o vício da urgência

A maioria das pessoas passa a maior parte do tempo fazendo coisas que são urgentes, mas relativamente insignificantes. "Apagar incêndios", mandar memorandos, participar de reuniões irrelevantes – tudo isso pode consumir o dia de um gerente, sem acrescentar quase nada que tenha valor permanente. Essas atividades têm urgência aparente, mas carecem de importância. O "vício" de viver assoberbado decorre em parte da baixa autoestima, dizem os especialistas – "Se estou tão assoberbado de trabalho, isso é sinal de que sou importante" – e em parte do equívoco popular da era industrial, de que o trabalho tem que ser frenético para ser eficaz. (Quem não viu *Tempos Modernos*, de Charlie Chaplin?)

Um engenheiro lhe dirá que o trabalho pode ser definido como força orientada *versus* movimento. Nem todo o movimento do mundo poderia gerar trabalho se não fosse conjugado a uma orientação. Acontece o mesmo com nossas vidas profissionais. O objetivo da gestão esclarecida do tempo é permitir que você dedique a maior parte dele ao que é realmente importante, embora não seja absolutamente urgente.

Uma das maneiras mais práticas de a pessoa se concentrar no trabalho-chave é reservar diariamente determinado período fora do alcance dos telefones e outras interrupções. Durante esse período, trabalhe em sua lista de tarefas altamente prioritárias. Esconda-se em outra sala se for necessário; mas não saia dela a menos que você seja imprescindível para resolver uma autêntica emergência. Tente programar esse "compromisso consigo mesmo" em um horário que corresponda a seu "horário nobre" biológico – independentemente de você ser do tipo que "já acorda a toda" ou "notívago", conceda-se uma hora, durante o seu período de energia máxima, para dedicar a suas atividades mais importantes.

Você também reduzirá o vício da urgência subprogramando-se. Nossos autores são unânimes em afirmar que apenas metade do tempo deve ser programada. A outra metade deve permanecer aberta às necessidades do dia e permitir a interrupção do tempo programado, para atender a essas necessidades.

Pondere os diferentes setores de sua vida

A gestão do tempo não se refere apenas ao trabalho. Como no caso do trabalho, grande parte do tempo de lazer é desperdiçada – dedicado a atividades que não o ajudam a cumprir sua missão pessoal. Ver televisão, por exemplo, pode ser um antídoto contra as pressões do escritório, mas em nada contribui para atingir a sua meta de ser bom cônjuge e bom pai. Aplique os mesmos exercícios que você utilizou para aperfeiçoar a maneira como distribui o tempo que passa no trabalho também à sua vida pessoal – verifique semanalmente "Como estou me saindo em relação às minhas declarações pessoais?"

E para que você não pense que estamos filosofando, encerramos com seis dicas excelentes, ainda que não totalmente desconhecidas, sobre a maneira como você pode aumentar sua eficiência, tão logo diferencie o trabalho que precisa realmente ser realizado:

1. Não interrompa o trabalho quando chegar a correspondência.
2. Se um documento exigir algum tipo de ação, aja de uma vez – não lide mais de uma vez com o mesmo documento.
3. Faça uma triagem dos recados telefônicos.
4. Sincronize os retornos com o tempo de quem telefonou.
5. Ao encerrar a semana, jogue fora os *FYIs** que você colecionou.
6. Evite reuniões com mais de 12 participantes. Elas não resultam em nada de concreto.

E tenha diariamente em mente outra pergunta: "O que posso fazer hoje, que tornará melhor o meu amanhã?"

**Nota da Editora*: *For Your Information*, sigla normalmente usada em e-mails como primeira informação ou no campo Assunto, para indicar que não há necessidade de resposta, que é apenas um dado informativo.

Leituras Adicionais

7 Survival Skills for a Reengineered World. William N. Yeomans (A Dutton Book, The Penguin Group, 1996).

Primeiro o mais importante. Stephen R. Covey (Campus/Elsevier, 2002).

"Salvaging Sales Scrap Time". Rebecca Morgan (*American Salesman*, outubro de 1996, National Research Bureau, Information Access Co.).

The Organized Executive: A Program for Productivity. Stephanie Winston (Warner Books, 1994).

"The Work of Leadership". Ronald A. Heifetz e Donald L. Laurie (*Harvard Business Review*, dezembro de 2001).

Time Management for Dummies. Jeffrey J. Mayer (IDG Books, 1995).

Reimpressão U9702B

Organize-se

• • •

Constantine von Hoffman

Existem momentos que funcionam como teste do quanto seu escritório está bem organizado:

- O chefe telefona e pede determinado conjunto de informações relacionadas a um projeto concluído há um ano. (Quanto tempo você leva para encontrá-las?)
- Você foi promovido(a) e precisa transferir seus arquivos para o(a) Sr.(Sra.) Sucessor(a). (Qual o seu grau de apreensão com essa transferência?)
- Você precisa encontrar um número de telefone, um documento ou uma pasta. (Quanto tempo isso leva?)

Para algumas pessoas, são necessários três minutos para desenterrar as informações referentes ao projeto; a transferência não causa nenhuma apreensão e a localização de números de telefone, pastas etc. não demora quase nada. Mas existem também os simples mortais como nós.

O que acontece é que, em grande parte da arte de administrar (e de viver), não existe receita universal para alguém se organizar. A desorganização é assunto eminentemente individual. Parte de nós descobriu, por exemplo, que a confusão tem suas utilidades. Segundo Margot Honig, organizadora profissional que dirige a Strategic Organizing Solutions em Brookline, Massachusetts: "Algumas pessoas usam a confusão como escudo contra se exporem ao mundo." Outras gostariam de ser organizadas mas não sabem como. Outras ainda se recusam a reconhecer que ser organizado exige tempo e trabalho – e ser desorganizado exige mais tempo e trabalho ainda. Na verdade, a desorganização consome tempo e produtividade. Segundo estudo encomendado pela Accountemps, empresa de mão-de-obra temporária, os executivos perdem cinco semanas a cada ano procurando coisas que perderam.

Honig e outros especialistas afirmam que não importa o sistema de organização que você utilize desde que ele funcione para você. A maneira como você raciocina determina se você se sentirá ou não à vontade com um sistema. Se você gosta de trabalhar no computador e em tudo que é eletrônico, use uma agenda eletrônica. Se estiver cansado com panes demais em seu PC e gostar de informações que podem ser "tocadas", um sistema em papel o fará mais feliz.

Um papel para a impiedade

Além disso, ser organizado é em grande parte questão de administrar tempo, papel e espaço. A melhor maneira de gerenciar a desorganização é eliminar o que você não precisa manter. Stephanie Denton, uma organizadora profissional de Cincinnati que se inclui entre os membros da diretoria da National Association of Professional Organizers, sugere aplicar uma regra básica: quanto menos você tiver, menos terá que vasculhar. Se você achar que não consegue se livrar das coisas inúteis, visualize o executivo sênior que era cliente de Denton: o homem encheu vários carrinhos de lixo com a papelada da qual não precisava mais.

É conveniente pensar na auto-organização como uma espécie de higiene do escritório, algo que você precisa fazer tão regularmente quanto escovar os dentes. Felicia Rand, gerente sênior do sistema de informações de uma ONG de saúde internacional, afirma que "Organização é uma coisa que você tem que fazer todo dia". Se você acha que a alocação de períodos para arrumar as coisas tem pouca prioridade, Rand sugere medir o tempo perdido procurando informações que você sabe ter (em algum lugar) – ou quantas vezes você decepciona uma colega, porque não consegue encontrar "aquele" documento que ela precisa para trabalhar.

Já que leva tempo para organizar o que ficou acumulado, Rand e outros especialistas sugerem algumas táticas básicas para arranjar tempo e se organizar. Reserve cinco minutos antes de cada hora, para classificar e descartar as coisas. Regule o relógio de seu computador de forma a ser avisado. Alternativamente, reserve algum tempo ao fim de cada sessão de trabalho em um projeto ou tarefa para deixar tudo de lado e analisar o que está começando a se empilhar. Ou programe um período, no início ou no fim de cada dia, para colocar as coisas em ordem. Esta última sugestão se apóia na verdade básica da vida em organizações: a pior hora para se trabalhar é durante o dia útil, quando todo mundo está no escritório.

Uma alternativa para a "administração por empilhamento"

Existem ainda algumas táticas de "gestão do espaço" que irão ajudá-lo no esforço de se tornar mais organizado. Se você adota o que veio a ser chamado de "administração por empilhamento" – distribuir tudo entre uma série de pilhas sobre a mesa, na intenção de resolver cada assunto no devido tempo – a sua mesa deverá ser mais larga que profunda. Uma mesa profunda incentiva você a afastar cada vez mais as pilhas, abrindo espaço para continuar acrescentando pilhas. Uma mesa mais estreita o incentivará a manter os itens necessários – e apenas os necessários – bem à vista. Denton recomenda uma mesa em forma de "L" ou "U", que apresenta áreas específicas para você realizar diferentes tipos de trabalho. "Muita gente acha que as pilhas alertam quanto ao que precisa ser feito", afirma Denton, "mas elas não alertam. As pilhas simplesmente distraem você daquilo que precisa ser feito".

Os especialistas em organização chegam a sugerir que aqueles de nós que administram produtos multimilionários, verdadeiros exércitos de gente e instituições importantes, não sabem para o que servem as mesas de trabalho. Segundo eles, uma mesa é um espaço de trabalho. Deve acomodar nossas ferramentas de trabalho – telefones, canetas, computador, agenda, caixas de entrada e saída e talvez uma pasta de assuntos pendentes exigindo nossa atenção ou a atenção de terceiros – e aquilo em que estamos trabalhando no momento. Uma mesa não é uma "área de livre armazenagem" e, se a utilizarmos dessa forma, na certa perderemos uma série de coisas.

Organização em relação aos membros da equipe e demais pessoas

O verdadeiro teste do gerente organizado é a facilidade com a qual ele se entrosa com outras pessoas. Em relação a isso, Rand insiste terminantemente que os gerentes e demais profissionais se baseiem em uma agenda on-line que permita saber quando os colegas e os membros da equipe estão ocupados e simplifique a programação das reuniões. A divulgação do próprio paradeiro, para que todos o conheçam, empresta como é evidente um novo significado à expressão "gestão transparente"; mas a produtividade parece ter pouca coisa em comum com a privacidade ou com os privilégios; Rand acredita que as agendas on-line funcionam melhor quando a gerência sênior também as utiliza e avalia que sua própria agenda on-line reduz em 75% o tempo que ela leva para programar as coisas. Ela reserva dois curtos períodos a cada semana para transferir tudo que deve ser transferido de sua agenda pessoal para a agenda on-line e vice-versa.

O tipo do sistema de agenda que você utiliza – agenda eletrônica, DayRunner, Filofax, Franklin Planner etc. – é menos importante que a consistência da utilização. Sua agenda deve ser o repositório de tudo que o gerente contemporâneo precisa. Os especialistas afirmam que os trapalhões que descobriram as alegrias dos bilhetinhos adesivos, em toda variedade de cores e tamanhos, devem desistir. Os pedacinhos de papel onde se escrevem números importantes ou datas e horários de compromissos acabam invariavelmente perdidos ou colados em lugar errado. E mesmo que isso não aconteça, os assuntos terão que ser de alguma forma resolvidos, mais cedo ou mais tarde. Rand afirma que a coisa mais importante pra ela, depois da agenda, é o software que lhe permite administrar sua lista de coisas a fazer, mantendo-a atualizada, alertando-a quanto aos prazos finais ou o momento de iniciar alguma coisa nova e preservando os assuntos que ainda não foram liquidados.

O que e quando fazer

A administração da lista de "coisas a serem feitas" é assunto de considerável atenção durante os cursos de gestão do tempo. Segue-se um conjunto de sugestões mais sintéticas. Anote tudo que você precisa fazer numa lista-mestre. Calcule em seguida o que tem que ser feito e quando deve ser feito e transfira o assunto para uma lista diária, algo muito fácil quando se utiliza uma agenda informatizada. Reserve alguns minutos ao fim de cada dia para repassar a lista-mestre e classificar as tarefas ou metas de acordo com a prioridade de cada uma.

Há quem utilize o método alfabético para atribuir prioridades ("A" para alta prioridade, "B" para importante embora não essencial e "C" para as coisas que gostaria que fossem feitas e ainda não foram).

Dentro das categorias de prioridade A, B e C, numere as tarefas na ordem em que elas devem ser cumpridas. Tenha o cuidado de analisar as medidas que levarão aos resultados buscados. Você terá que fazer muita terraplenagem antes de atacar o objetivo número um. E tenha o cuidado de diferenciar o que é urgente do que é realmente importante. Essa coisa que alguém está pressionando você a fazer talvez não seja o que você deve fazer em primeiro lugar.

A arte perdida do arquivamento

A tarefa mais exaustiva para os gerentes de uma empresa *downsized* talvez seja o arquivamento, uma habilidade que está desaparecendo juntamente com as secretárias pessoais. Em se tratando de arquivar, o princípio orientador é a palavra "acesso". "Arquivar tem a ver com recuperar e não com armazenar", afirma Rand. "Ao criar arquivos, pergunte a si mesmo 'Onde eu iria procurar isto, mais tarde?'"

Ao criar ou reformular um sistema de arquivamento, determine as principais categorias daquilo que você faz e como você pensa em cada uma. Seria em termos de projetos? Pessoas? Prazos de entrega? Identifique em seguida o que você terá que guardar. Lembre-se da regra de Denton: quanto menos você guardar, menos terá que pesquisar. Seguem-se alguns critérios referentes ao arquivamento de um documento.

- As informações que ele traz não podem ser encontradas com facilidade em outras fontes.
- As informações que ele traz ajudam você a atingir algum objetivo.
- O documento foi condensado ou consolidado ao máximo possível.
- O documento é atual.

Como concordaria qualquer pessoa que já tenha esmiuçado seus arquivos de e-mail, para encontrar determinado arquivo, todos os tipos de arquivos devem ser expurgados periodicamente. Se você tiver que manter uma série de registros antigos, encontre um local para arquivar assuntos muito distantes daqueles que merecem atualmente a sua atenção.

Finalmente, pare um pouco e avalie suas necessidades mais críticas. Organizar-se, afirma Felicia Rand: "não é simplesmente manter os documentos certos nos lugares certos, mas, sim, entender as suas prioridades". Existe um componente estratégico na decisão de ser organizado: saber o que você vem encontrando dificuldade para conseguir. Segundo Denton: "Tudo depende de qual seja o seu objetivo. O que está lhe saindo mais caro, em termos de recursos perdidos? Descubra o que é, antes de mais nada."

E se isso não resolver, considere a possibilidade de obter a ajuda de um profissional em matéria de organização. Na falta de uma secretária pessoal, você terá que aprender a se organizar, já que essa não é uma tarefa que outra pessoa possa fazer por você.

Honig enfatiza: "Há os que querem que eu faça isso por eles. Isso nunca dá certo."

Leituras Adicionais

Organize Your Office: Simple Routines for Managing Your Workspace. Ronni Eisenberg e Kate Kelly (Hyperion Books, 1994).

Organizing for the Creative Person, Dorothy Lehmkuhl e Dolores Cotter Lamping (Crown Books, 1994).

The Complete Idiot's Guide to Organizing Your Life. Georgene Lockwood (Alpha Books, 1997).

Reimpressão U9801D

Enfrentando os desafios da gestão do tempo

• • •

Existe uma infinidade de forças – entre elas as reuniões intermináveis, a avalanche de mensagens e a "sobrecarga de informações" – conspirando para roubar o tempo dos gerentes já hiperatarefados. Os artigos desta seção incluem poderosas sugestões para se enfrentar cada uma das forças mencionadas.

Você descobrirá como fazer para que cada reunião que você liderar ou assistir honre o potencial que tem para a empresa e como processar e responder às mensagens (especialmente o e-mail), de forma a liberar e não a consumir tempo. Você também encontrará orientações sobre como enfrentar a avalanche de jornais, boletins e outras fontes de informação que é obrigado a digerir para se manter atualizado quanto a seu trabalho e área de atuação. E, finalmente, você saberá como os gerentes mais calejados evitam a sobrecarga de trabalho e não se deixam desviar pelas distrações e interrupções.

Como tirar proveito das reuniões

• • •

Tom Krattenmaker

Terrence, diretor de comunicações de uma empresa de serviços de saúde, resmunga acerca de todas as reuniões das quais participa. Quando lhe perguntam qual é o seu cargo, ele responde "participante profissional de reuniões". O tormento das reuniões piorou desde que os cortes de pessoal aumentaram a carga de trabalho de Terrence e seus subordinados. Não obstante, quando a gerência sênior tomou decisão referente ao caso, Terrence ficou furioso por *não* ter sido convidado para a reunião onde o assunto foi discutido.

O comportamento de Terrence não é tão inconsistente quanto possa parecer. Seu problema é que a maioria das reuniões das quais ele participa não passa de sorvedouros de tempo ineficientes e dispersivos. O pior é que as reuniões em que são discutidas as verdadeiras finalidades da empresa não são conduzidas com habilidade suficiente para garantir que os verdadeiros atores se façam presentes.

O dilema de Terrence é dos mais comuns. Numa época em que estão aumentando as mudanças no local de trabalho, os gerentes sobrecarregados e os membros das respectivas equipes – alguns já executando o trabalho que antes era realizado por duas pessoas – podem se dar cada vez menos ao luxo de perder tempo em reuniões.

"As grandes reclamações que ouço acerca das reuniões são que elas são improdutivas, longas demais e desnecessárias", afirma Frances A. Micale, consultora, treinadora e autora de *Not Another Meeting! A Practical Guide for Facilitating Effective Meetings* (Oasis, 2002).

"No entanto, as reuniões podem ser da máxima importância para uma organização", pondera Micale. "Se você conseguir realizar consistentemente reuniões boas e produtivas, a sua empresa se sairá melhor. Não acredito que muita gente pense como eu, mas reuniões melhores significam melhor comunicação e melhores decisões; e isso terá impacto direto sobre o lucro líquido."

O valor – e o custo – das reuniões

Se acha que você e seus colegas estão participando de mais reuniões que nunca, não se trata provavelmente de imaginação. Nos velhos tempos, do comando-e-controle, as pessoas não precisavam se reunir tanto. Mas à medida que o local de trabalho foi se tornando mais colaborativo e democrático, as entidades passaram a precisar de cada vez mais reuniões para partilhar informações, acolher as sugestões pessoais e tomar decisões colegiadas. Além disso, as fusões e alianças aumentaram a necessidade de mais reuniões entre as organizações, além daquelas que ocorrem no interior de cada empresa.

Mas embora as reuniões "excelentes" possam oferecer contribuições essenciais para o sucesso de sua empresa, tenha em mente que as reuniões improdutivas representam a perda não só de oportunidades como também de dinheiro. O tempo é finito; quando se calcula o total de horas que os funcionários perdem em reuniões, em vez de usar o tempo para cumprir suas tarefas internas e externas, constata-se que as empresas estão desperdiçando enormes somas de dinheiro.

O site EffectiveMeetings.com, mantido pela SMART Technologies, oferece uma fórmula de cálculo do custo das reuniões capaz de ajudá-lo a determinar o custo a partir de um conjunto de variáveis. A típica reunião semanal da equipe de gerência, por exemplo, pode custar $390 cada vez que é realizada – ou seja, mais de $20 mil por ano – supondo-se que o grupo que se reúne consiste em cinco membros que ganham $70 mil por ano e que as reuniões duram aproximadamente duas horas. Acrescente-se a isso o valor em dólares cobrado pelo estresse acumulado e pela insatisfação dos participantes, obrigados a retornar de reuniões onde todos se mantiveram irredutíveis e enfrentar uma avalanche de mensagens e tarefas adiadas da lista de coisas a serem feitas, que aumenta dia após dia.

"Alguns clientes me informam que estão totalmente assoberbados com essa 'mania de reuniões' que se verifica em muitas empresas", afirma a consultora Peggy Klaus. "Nesta nova cultura de reuniões, os gerentes sentem ocasionalmente que precisam ouvir as opiniões de todos antes de tomarem uma decisão. Mas isso pode se transformar em tamanho desperdício de tempo que a coisa se torna ridícula."

Seguem-se algumas idéias práticas destinadas aos gerentes que pretendem realizar reuniões que aperfeiçoem e não prejudiquem o sucesso de suas organizações.

Não convoque reuniões à toa

A solução para uma reunião improdutiva pode ser tão simples quanto não convocá-la. Como explicam Klaus e outros especialistas, a "mania de reuniões" é abastecida em grande parte pelo uso das reuniões para cuidar de assuntos que poderiam ser melhor resolvidos de outra maneira. Antes de convocar mais uma reunião de seus soldados, os gerentes devem se perguntar se a finalidade da reunião não poderia ser atendida de outra forma. Se o intuito for divulgar informações – o que acontece com demasiada freqüência nas organizações assoladas por reuniões – o correio eletrônico, os memorandos e os diálogos informais provavelmente funcionarão melhor.

"A questão é a seguinte: para que realizar uma reunião? A maioria das pessoas não analisa com clareza essa necessidade", afirma Barbara Streibel, consultora da Oriel e autora de *The Manager's Guide to Effective Meetings* (McGraw-Hill, 2002). "A melhor razão para você convocar uma reunião é a real necessidade de interação entre as pessoas que irão participar. Você precisa que as pessoas expressem opiniões e partilhem o que sabem, construindo uma linha de raciocínio comum e integrada acerca da questão em pauta. Nesse caso a reunião – se for bem conduzida – será perfeita."

Em casos mais raros, a partilha de informações também pode ser um propósito legítimo para se convocar uma reunião, afirma Streibel; mas apenas se você precisar do toma-lá-dá-cá espontâneo, possível quando todo mundo se reúne em tempo real. Caso contrário, o correio eletrônico ou de voz será provavelmente suficiente.

Em sua pior forma, as reuniões representam oportunidades perdidas – e dinheiro jogado fora.

Ocasionalmente, a cura da "mania de reuniões" requer mudança na maneira como você encara a administração, afirma Klaus. Embora um local de trabalho mais democrático seja inquestionavelmente melhor para todos, isso não quer dizer que são necessárias decisões em grupo para todos os pequenos problemas que compõem o dia de trabalho. Os microgerentes que querem examinar cuidadosamente cada ação de seus subordinados irão precisar de mais reuniões. Por outro lado, a delegação eficaz do trabalho, aos membros qualificados da equipe, alivia amplamente a necessidade de reuniões. "Se eu tiver delegado corretamente, não terei que participar de cada decisão que minha equipe está tomando. Saberei que Tom ou Susan já se encarregaram das coisas", afirma Klaus.

"Antes de convocar uma reunião, você deve realmente se perguntar: 'O que está em jogo?'", afirma Klaus. "O que você quer que as pessoas façam, pensem ou sintam, quando tudo terminar? Pergunte a si mesmo: 'Preciso *realmente* convocar essa reunião?'"

Não "discuta"

A "discussão" não é mais o bastante. As equipes atarefadas precisam de algo mais que diálogos dispersivos ou relatórios sobre os avanços, feitos para impressionar. As reuniões produtivas dependem de objetivos claramente definidos, em função dos quais as pessoas possam trabalhar e contra os quais possam medir o avanço. "Quando programo uma reunião, quero ir além da 'discussão'", afirma Streibel. "Quero 'discutir e decidir', talvez. Ou 'discutir e montar um plano', 'discutir e identificar os principais obstáculos'. Quero uma ação. Não tenho necessidade de uma ladainha sobre o que aconteceu na semana passada."

Um exemplo. Se a reunião semanal com os membros de sua equipe se transformou na maldição de sua vida e da vida deles, insista em que todos – inclusive você – limitem seus relatórios a soluções viáveis. Reserve a "mesa" de reunião para as questões que exigem o raciocínio e a ação de todo o grupo.

Gaste tempo para poupar tempo

Terrence, do primeiro exemplo, não teria perdido a reunião que lhe interessava – onde sua presença teria sido extremamente proveitosa – se a empresa estivesse melhor preparada e divulgasse adequadamente a iminência da reunião. Se a assessora executiva do presidente tivesse pensado direito e preparado uma agenda correta para a reunião semanal da equipe sênior, possivelmente teria se lembrado de que uma decisão sábia, publicada no boletim interno da empresa, exigia a presença de Terrence. (Acabou se revelando que ele tinha cálculos de custo e resultados de pesquisas que teriam resultado em decisão oposta.)

Lide com as questões que fogem da agenda da reunião colocando-as em um quadro branco real ou imaginário que relacione as idéias e hipóteses que poderão (ou não) ser discutidas em momento mais oportuno.

Mesmo que ela tivesse esquecido de convidar Terrence, este tomaria conhecimento da reunião iminente se ela tivesse feito a agenda circular antecipadamente entre todos os gerentes. Terrence poderia ter exercido pressão para tomar parte na reunião, ou ao menos teria enviado um e-mail a seu superior, com as informações vitais.

Como regra geral, Streibel sugere dedicar de 30 a 60 minutos à preparação das reuniões que você será responsável por organizar ou mediar. Faça circular uma agenda exata, conscienciosa em matéria de tempo, e reúna as pessoas corretas. Além disso, permita que as pessoas saiam da reunião quando esta abordar questões que não são relevantes para as respectivas áreas.

O trabalho minucioso antecipado pode gerar decisões surpreendentes e bem-vindas. Segundo a consultora Micale: "Identificando os resultados visados e preparando antecipadamente a agenda, você talvez acabe percebendo que nem mesmo precisa da reunião."

Anote as digressões e não permita "falastrões"

A facilitação eficaz de reuniões constitui um assunto à parte, mas os especialistas salientam alguns conceitos simples que tornarão as reuniões o mais produtivas – e breves – possível. Um motorista que faz rodeios fora da rota levará mais tempo para chegar onde quer do que outro motorista que vá diretamente do ponto A ao ponto B. Acontece a mesma coisa com as reuniões, que freqüentemente duram mais que o necessário porque os participantes entram em digressões.

Klaus e outros especialistas sugerem forma eficaz e diplomática de recolocar uma reunião nos trilhos, sem ferir os sentimentos de ninguém: lidar com as questões que fogem da agenda da reunião, anotando-as em um quadro branco real ou imaginário que relacione as idéias e hipóteses que poderão (ou não) ser discutidas em momento mais oportuno.

As "autoridades" e os falastrões também podem sabotar o sucesso de uma reunião, mesmo que se atenham à agenda. Gente assim não só rouba tempo como também pode isolar os participantes menos eloqüentes, que talvez tenham as melhores idéias. Podem ser necessárias interrupções educadas da parte do líder da reunião, a fim de abreviar os monólogos prolixos. Combinadas aos convites feitos aos oradores resistentes, essas interrupções podem conseguir a participação de todos, o que só poderá resultar numa reunião melhor.

Streibel assinala que, em algumas reuniões, todo mundo parece achar que tem direito a cinco ou dez minutos de falatório marginalmente proveitoso. Se esse for o costume nas reuniões da sua empresa, acabe com isso. "Se você conceder esse tempo a todos e dez pessoas estiverem presentes na reunião", salienta Streibel, "acabará desperdiçando pelo menos uma hora".

Declare um dia sem reuniões

Algumas empresas estão instituindo dias livres de reuniões. Outras estão proibindo a realização de reuniões em determinados horários. Em algumas organizações, a proliferação de reuniões está sendo combatida por meio da utilização de "reuniões em pé" – breves ajuntamentos onde os participantes discutem agendas "magras" de maneira rápida, permanecendo literalmente em pé o tempo todo, para lembrar uns aos outros de que a reunião não é para ninguém se recostar numa cadeira e ficar lá sentado.

Streibel aconselha: use parcimoniosamente as reuniões – e use-as corretamente. "Sei que as pessoas freqüentemente acham que as reuniões são perda de tempo", afirma ela. "Mas em sua melhor forma, as reuniões são um lugar onde as pessoas podem ser criativas em conjunto, são momentos em que é possível integrar a perspectiva, os conhecimentos e a experiência de todos. Sendo assim, as reuniões podem ser componente importante do processo de criação de soluções inovadoras e formas novas e melhores de se fazer as coisas. E quem não está interessado nisso?"

Reimpressão C0305C

Administrando a sobrecarga de mensagens

• • •

Dwight Moore

Um homem que chamarei de Al Monroe é gerente geral regional sênior de uma grande ferrovia. A caminho do trabalho em um dia típico, ele utiliza seu telefone celular para ouvir os aproximadamente 15 recados que são deixados diariamente em sua caixa postal. Quando chega ao escritório, ele encontra de 70 e 100 e-mails aguardando resposta. Mais ou menos metade, ele avalia, é irrelevante para seu trabalho. Um quarto deles deveria ter sido encaminhado a seus subordinados diretos. Parte dos restantes é interessante, mas não requer qualquer ação; outros são ambíguos. Apenas 5% exigem que ele faça imediatamente alguma coisa. No entanto, a leitura e resposta às mensagens consomem todo tempo que dura o deslocamento matinal, mais a maior parte das primeiras duas horas que ele passa no escritório.

Isso lhe é familiar?

Atualmente, até mesmo os executivos seniores da maioria das organizações esperam receber sobrecarga de mensagens dia após dia. Mas poucos de nós chegaram a compreender as implicações desse dilúvio de mensagens em relação à maneira como trabalhamos.

Pense nisso. A maioria das comunicações no mundo eletrônico contemporâneo é unidirecional e não interativa. As mensagens deixadas na caixa postal e por e-mail são curtas, didáticas, monossilábicas, operacionais e detalhadas. Uma vez que o remetente geralmente espera uma resposta, elas podem gerar sensação de urgência e, assim, apressamo-nos a responder aos recados antes de fazer o que quer que seja.

Além disso, as novas tecnologias permitiram que as empresas eliminassem muitas secretárias. Um gerente equipado com uma caixa postal não precisa de alguém que atenda ao telefone; quem tem e-mail não precisa que sua correspondência seja datilografada. Assim sendo, os executivos acabam fazendo a triagem das ligações, organizando reuniões em suas agendas eletrônicas e lendo dezenas de recados que realmente não têm interesse para eles.

Mas a conseqüência mais perigosa de todos esses meios de comunicação é que eles empurram o planejamento, o raciocínio e a tomada de decisões para o nível micro. Esses meios concentram a atenção de um gerente nos detalhes, em detrimento do quadro geral. Analise os seus próprios e-mails. Eles provavelmente se referem a questões como reuniões, crises que precisam ser resolvidas, solicitações de seu chefe ou de seus subordinados diretos e assim por diante. Dificilmente eles focalizam problemas estratégicos ou quaisquer objetivos de longo prazo.

A situação de Al Monroe ilustra esse perigo. Quando lhe perguntaram quais eram suas metas anuais, ele mencionou três objetivos que afetavam fundamentalmente a lucratividade da empresa a longo prazo. Um deles se referia à falta de locomotivas: numa economia em expansão, os motores não podiam ser fabricados com rapidez suficiente para atender à demanda. Mas quando lhe perguntaram o que havia feito para abordar esse problema, Monroe fez uma pausa e admitiu que não havia analisado o assunto recentemente. Não tivera tempo.

Quatro medidas para o controle de mensagens

Se sua situação for muito semelhante à de Monroe, é hora de começar a agir. Você precisa reorganizar suas prioridades e administrar suas mensagens. Recomendo adotar quatro medidas.

1: Comece o dia de maneira diferente

Em vez de começar por abrir seu e-mail, inicie o dia com uma folha de papel em branco. Escreva um objetivo estratégico e desenvolva um plano operacional para atacar o que deve ser feito primeiro (ou em seguida). Reserve um período de tempo ininterrupto para trabalhar nesse objetivo.

2: Abra os e-mails no fim do dia

Você já estará cansado e ansioso para ir embora. Conseguirá se concentrar nas mensagens importantes e enviar respostas mais breves. Além disso, poucas pessoas conseguirão responder imediatamente.

3: Ensine às pessoas a enviar-lhe e-mails

Um executivo resolveu responder a cada e-mail, durante uma semana, acompanhado por uma nota atribuída à adequação do e-mail. A nota 1 significava "continue me enviando as informações críticas deste tipo"; uma nota 2 queria dizer "não me envie essas informações, a menos que eu faça parte desta equipe"; 3 significava "mande isso para a pessoa responsável da minha equipe" e assim por diante. Sua carga de e-mails diminuiu tremendamente.

4: Ensine seu chefe a não microgerenciá-lo por e-mail

Se ele lhe solicitar informação que é controlada por sua equipe, oriente-o a procurar a pessoa adequada. E não se sinta obrigado a responder imediatamente cada uma das pequenas solicitações. Em vez de fazer isso, mantenha seu chefe informado sobre as atividades referentes ao quadro geral que você prefere exercer.

E, finalmente, lembre-se de que nada que não represente risco de vida é tão urgente. Conceda-se tempo para respirar. Estabeleça as prioridades de seu trabalho. Faça questão de se basear em contatos frente a frente e não em mensagens em relação a tudo que envolva ambigüidade, interação ou emoções. A tecnologia é só uma ferramenta e não deve determinar a maneira como tomamos decisões, administramos nosso tempo ou nos sentimos descontraídos.

Reimpressão U9911D

Enfrentando o atoleiro de informações

Aprenda com o pessoal do departamento financeiro

• • •

Edward Prewitt

À medida que for lendo este livro, pense em todas as demais publicações que você precisa ler atentamente nesta semana: revistas, boletins e jornais. Pense nas cartas, memorandos, relatórios e faxes cascateando do aparelho; no e-mail, no noticiário on-line e no boletim intranet da empresa clamando por atenção. Ou melhor, tente não pensar nisso tudo. A sobrecarga de informações – batizada de Síndrome da Fadiga por Informações – pode, na verdade, prejudicar sua saúde; pelo menos é o que afirma um relatório da Reuters Business Information publicado em 1996. Mais de 40% dos gerentes seniores e um terço de todos os gerentes (entre os 1.300 pesquisados no mundo todo) informou que não vai muito bem de saúde, como conseqüência direta do estresse relacionado à sobrecarga de informações.

O "nevoeiro de dados" parece estar piorando em vez de melhorar. A Internet ameaça transformar o fluxo de informações em uma avalanche. Não existe nenhum lugar onde essa perplexidade seja mais evidente e mais ameaçadora que nos serviços financeiros. Para os banqueiros, administradores de fundos de pensão, gerentes de investimentos, analistas de mercado e corretores, a verdadeira moeda é a informação e não o dinheiro.

Professor de psicologia de Harvard, Daniel Gilbert observa que a sobrecarga de informações prejudica a capacidade cerebral de realizar tarefas como a análise de situações e a tomada de decisão. Um verdadeiro dilema para os profissionais das finanças, que precisam dissecar diariamente enormes volumes de informações. E como é que eles fazem isso? "Magia negra", brinca Arieh Coll, gerente da carteira de investimentos do Fidelity Investment's Trend Fund. Não obstante, há quem sobreviva e até mesmo prospere. Seguem-se as técnicas e ferramentas utilizadas pelos gerentes dos diferentes segmentos dos serviços financeiros.

Priorize

"Pouquíssimas pessoas se vêem sobrecarregadas por informações críticas", afirma Gilbert. "Existe um monte de informações por aí; uma parte delas é crítica, mas 90% são provavelmente inúteis." Sua primeira tarefa é priorizar. Matthew Robertson, que administra uma carteira de investimentos em empresas internacionais para a Neuberger & Berman, LLC, reduziu suas fontes de informações diárias a seis pessoas – três corretores de fundos de renda fixa e outros três de moedas – e duas telas de computador – um terminal da Reuters e outro da Bloomberg, cada um deles configurado a partir das milhares de opções oferecidas pelos dois serviços de informações. Na Fidelity, Coll separa a pilha de correspondência de meio metro de altura que chega todos os dias a seu escritório, em cinco caixas de entrada: uma para o material enviado pelas empresas que ele acompanha e as demais para relatórios sobre os mercados internacionais, análises de corretagem, prospectos e faxes. Sua leitura começa pelas duas primeiras. "Nem todas as informações recebem o mesmo tratamento", diz ele.

Filtre as fontes de informações

É imprescindível, como concordam nossas autoridades, estabelecer limites para as informações que chegam. Isso pode parecer antiintuitivo para as pessoas que estão sempre garimpando aquela pepita a mais de informação que pode lhes conceder vantagem competitiva. Como explica Coll: "Você força a ocorrência de acidentes felizes, maximizando o volume de informações que acolhe." Mas já que é impossível manter-se atualizado em relação à verborragia escrita sobre praticamente qualquer ramo ou carteira de empresas, Coll e outros especialistas dizem que é importante filtrar as fontes de informações menos úteis e concentrar-se nos veios mais ricos. "Existe proliferação hoje em dia. Há mais lixo entrando porta adentro", afirma o gerente de câmbio Scott Black, presidente da Delphi Management. "Tentamos separar o ruído de fundo e o sinal – isso é o mais importante." Para acompanhar as empresas onde já investe, Black lê apenas os relatórios, os faxes anunciando eventos importantes e as sínteses dos ganhos que recebe destas. Para manter "de olho" as novas empresas dignas de investimento, a Delphi criou um modelo matemático que executa uma triagem inicial dos relatórios financeiros das empresas. "Demos muita atenção aos critérios formais" do modelo matemático, afirma Black. "Ele nos poupa 99% do trabalho."

Atenue ou elimine as fontes menores

Você não precisa ler determinadas publicações só porque os outros lêem. Para muitos gerentes, os jornais diários e as revistas especializadas simplesmente não têm nenhuma utilidade. "Passo menos tempo lendo os jornais atualmente. As informações de maior qualidade tendem a ser publicadas pelos veículos mais focalizados", afirma o banqueiro Peter Stalker, sócio da E.M. Warburg, Pincus & Company. "E as publicações mais 'leves' – *Fortune*, *Forbes* e *Business Week* – são aquelas que menos leio. Já fiz minha seleção e cheguei a um punhado de fontes melhores." O analista de investimentos Michael Dauchot, da Robertson, Stephens & Company, afirma que raramente lê as publicações especializadas em geral, "porque minha experiência mostra que o que elas publicam é freqüentemente inexato". Black lê o *The Wall Street Journal* de fio a pavio, em casa e à noite, porque considera o jornal "intelectualmente interessante, embora não seja diretamente relacionado àquilo que preciso saber" para tomar decisões relativas a investimento.

Outra perda de tempo são os relatórios de pesquisa de Wall Street, afirma Coll. "São 'buracos negros', esbanjadores de tempo. As pesquisas de corretagem são informações públicas – não querem ofender ninguém. Nunca são equilibradas." O capitalista de risco David Golob, associado à Sutter Hill Ventures, considera "na maior parte inúteis" as pesquisas sobre ações divulgadas pelos bancos de investimento. Outra perda de tempo, segundo ele, é navegar na Web. Não que pesquisar a Web seja inerentemente inútil – "mas você tem que saber com razoável exatidão o que está procurando". No entanto, como sabe qualquer um que já tenha pesquisado na Web, surfar em busca de links tanto relevantes quanto aleatórios é um dos grandes prazeres da Internet. Isso enfatiza uma verdade sobre as fontes de informação inferiores: evitar esses sorvedouros de tempo é algo que exige premeditação e vigilância. "É fácil sentar-se e ler um jornal, mas verifiquei que essa não é uma fonte proveitosa para mim", encerra Coll.

Busque os diálogos frente a frente

As informações, qualquer que seja sua forma, espelham o trabalho e a ponderação de outras pessoas. Assim, o diálogo com essas pessoas será geralmente elevado. "As pessoas são interativas; as matérias não são", afirma Coll. "As matérias são destinadas ao grande público e a maioria não foi escrita para mim... As pessoas poupam tempo." O diálogo frente a frente é uma fonte de informações tão boa que Coll, que acompanha mais ou menos mil empresas, faz questão de se encontrar com os executivos de pelo menos umas quinhentas por ano, apesar da natureza exaustiva e consumidora de tempo das viagens a negócios. O diálogo frente a frente é ainda melhor que o diálogo por telefone, afirma Stalkers, da Warburg & Pincus. "Quando se precisa de informações que sejam realmente específicas, não há substituto das conversas pessoais. As nuances da expressão facial e corporal perdem-se ao telefone."

"Satisfice"

Esta palavra do "economês", uma conjugação de *satisfy* (satisfazer) e *suffice* (bastar), descreve sucintamente a necessidade de se interromper a pesquisa depois que um período de tempo adequado resultou em volume suficiente de informações úteis. "Pode haver uma agulha no palheiro – mas o palheiro pode ser grande demais para se esmiuçar", afirma Golob. Além disso, como salienta Black, da Delphi Management: "Você não vai conseguir tudo. Ficará louco se tentar atingir a perfeição, e nunca chegará à parte alguma."

Faça sua própria análise

"Prefiro levantar os fatos e realizar minha própria análise", afirma Dauchot, da Robertson, Stephens & Company. "A menos que você seja realmente especialista em uma área, nunca saberá o quanto é exata a análise de outra pessoa." Black gosta de citar Descartes: "O trabalho de um é freqüentemente melhor que o trabalho de muitos." "Existe um monte de idiotas por aí", acrescenta ele, cuja empresa integrada por seis pessoas acumulou um retorno anual médio de 18,5% ao longo dos últimos 17 anos. "Não queremos nos pautar pelo raciocínio dessa gente."

Terceirize sempre que possível

Ninguém está dizendo que você tem que trabalhar confinado numa solitária. Pode-se encontrar análises inteligentes e confiáveis. A empresa de consultoria Gartner Group, por exemplo, construiu uma reputação de sólida análise do setor de tecnologia da informação, afirmam Stalker e Golob. "Você pode encontrar fontes de informação que trabalhem por você e agarrar-se a elas", informa Stalker. "Não consigo me lembrar de nenhuma situação em que não tenhamos ouvido alguma coisa, entre nossos contatos pessoais e nossas fontes regulares."

Utilize a Internet para domar a Internet

As fontes de informações mais recentes e prodigiosas, a Internet e a Web, são freqüentemente acusadas de terem acelerado a superabundância de informações a níveis considerados ridículos. Não obstante, o volume de *novas* informações comerciais presentes na Internet não é assim tão grande, argumentam David Boghossian e Tim Duncan, que criaram um site em 1994, denominado Corporate Finance Network (www.corpfinet.com). A empresa coleta ampla gama de dados e análises financeiras. O que não é tão perceptível acerca da Internet, segundo Boghossian e Duncan, é que ela oferece acesso quase instantâneo a gigabytes de informações que antigamente exigiam muito tempo e esforço para serem encontradas.

Em resposta à natureza torrencial da Internet, foram inventados alguns métodos de concentração das pesquisas on-line. A ferramenta mais rudimentar é o site de busca. Mesmo assim, esses sites executam varreduras relativamente amplas, respondendo freqüentemente com centenas ou milhares de sites a uma pesquisa muito genérica. Valendo-se de um segundo método, o "push", o usuário da Web pode caracterizar suas necessidades específicas, fazendo com que os operadores só lhe enviem notícias e dados que se enquadrem no perfil traçado. Stalker e Golob recomendam a Individual (www.individual.com), que seleciona e classifica informações de interesse, provenientes de centenas de fontes noticiosas, enviando-as durante a noite aos servidores de rede das empresas. No entanto, e apesar dessa especificidade, os "sites push" são apenas mais uma massa de informações, notavelmente "pesada". A melhor alternativa talvez seja aquela oferecida pela empresa de Boghossian e Duncan, a Story Street Partners. A Story utiliza as intranets – as redes informatizadas internas – das empresas de serviços financeiros para criar interfaces personalizadas que combinam noticiário, conteúdo filtrado e as informações internas de cada empresa. Essas interfaces personalizadas consolidam as fontes de informação e garantem que todos os funcionários se mantenham na mesma página, por assim dizer.

Saiba aonde você quer chegar

O arremesso de uma rede ampla não é mais uma imagem adequada à coleta de informações; hoje em dia seria mais adequado falar em lançar o arpão. "É surpreendente o que se consegue encontrar agora se você se der ao trabalho", afirma Robertson, da Neuberger & Berman. "Assim, você tem que configurar uma estratégia referente àquilo que considera importante... Você tem que manter uma direção geral."

Leituras Adicionais

Data Smog: Surviving the Information Glut. David Schenk (Harper-Collins, 1997).

Dying for Information? An Investigation into the Effects of Information Overload in the U.K. and Worldwide. Reuters Business Information (Firefly Communications, 1996).

Reimpressão U9708D

Estamos supervalorizando as multitarefas?

• • •

Jennifer McFarland

Acredita-se há décadas que a capacidade de passar rapidamente de uma atividade para outra constitui a quintessência do trabalho gerencial. Na verdade, metade das atividades de um gerente consome nove minutos ou menos e apenas um décimo das tarefas gerenciais exige mais de uma hora, como assinala Henry Mintzberg, professor da McGill University, em seu clássico de 1973 – *The Nature of Managerial Work* (Harper & Row). É evidente que essa necessidade de desempenhar multitarefas só se acentua quando a economia anda claudicando: conforme as empresas eliminam alguns cargos e consolidam outros, restam menos gerentes para manter todos os pratos girando na ponta das varetas.

Mas até onde se pode impor a lógica das multitarefas, antes que o tiro saia pela culatra? "A alta gerência quer se convencer de que pode, de alguma forma, consolidar vários cargos, reatribuí-los a uma só pessoa e conseguir que essa pessoa seja tão produtiva quanto eram as três ou mais pessoas que desempenhavam essas tarefas anteriormente", afirma David Meyer, professor de psicologia da University of Michigan. "Na maioria dos casos, isso é impossível. Não há como escapar das limitações do cérebro humano."

As empresas talvez estejam subestimando muito o custo das multitarefas. Crescentes evidências indicam que uma agenda abarrotada, que impõe infinitas idas e vindas de uma atividade para outra, pode reduzir a produtividade em vez de aumentá-la. Uma pesquisa realizada por Meyer e seus colaboradores indica que o cérebro atravessa uma espécie de período de aquecimento, sempre que alguém inicia uma nova tarefa. "Você é obrigado a se concentrar e tem que recordar quais são os problemas", explica Meyer.

Feito isso, a mente começa a trabalhar produtivamente. Mas até mesmo uma distração de 30 segundos pode ser suficiente para que se perca a concentração e, como uma panela de água que tivesse sido afastada do fogo, o cérebro exigirá algum tempo para se reaquecer. Dependendo da freqüência com que você é obrigado a passar de uma tarefa para outra, o custo conseqüente em termos de tempo pode totalizar entre duas e quatro horas por dia, é o que revela a pesquisa.

A necessidade de concentração

Como assinalou admiravelmente Peter Drucker, a gestão bem-sucedida depende de se fazer as coisas certas e não de fazer certo as coisas. Você tem que identificar as atividades mais importantes e concentrar esforço na execução das mesmas. Não obstante, apenas 10% dos gerentes contam com a concentração e energia necessárias, concluíram o Dr. Heike Bruch, que ensina técnicas de liderança na University of St. Gallen, na Suíça, e o Dr. Sumantra Ghoshal, ex-professor de administração estratégica e internacional da London Business School, que se basearam em uma pesquisa de 10 anos sobre gerentes atarefados. Enquanto alguns gerentes consideram primordialmente as forças coercitivas – chefes, gerentes do mesmo nível e descrições das funções do cargo, por exemplo – quando decidem o que é ou não viável, os gerentes eficazes trabalham de fora para dentro: "Decidem primeiro o que precisam conseguir e depois se empenham em controlar o ambiente externo", afirmaram Bruch e Ghoshal ("Beware the Busy Manager", *Harvard Business Review*, fevereiro de 2002).

Uma agenda abarrotada, que exige muitas idas e vindas entre as atividades, pode reduzir a produtividade em vez de aumentá-la.

Os gerentes eficazes tendem, também, a ser mais autocentralizados, identificando seus objetivos, escolhendo as batalhas que irão travar e administrando o próprio tempo mais cuidadosamente que os outros gerentes. "As pessoas empenhadas em fazer algo não se deixam distrair facilmente", afirma Bruch. "Elas conseguem retornar ao que estavam fazendo, mesmo após uma interrupção."

Tire as multitarefas do pedestal

Nem sempre se consegue evitar a tendência a fazer uma dúzia de coisas no período de uma hora, mas, se você continuar encarando situações assim como o ideal administrativo, em vez de um mal necessário, você nunca conseguirá o aperfeiçoamento.

Delegue tudo que você não precisa fazer pessoalmente

A delegação, como é normalmente caracterizada, "não faz muito sentido", escreveu Peter Drucker em *The Effective Executive* (Harper Business, 1996). "Se isso significar que outra pessoa terá que executar parte do '*meu* trabalho', então isso é errado." Nenhum gerente dispõe de tempo suficiente para fazer tudo o que considera importante; a única forma de até mesmo saber o que é importante "é 'empurrar' para outros qualquer coisa que possam fazer".

Pratique o bloqueio do tempo

Meyer recomenda: "Bloqueie intervalos de tempo durante os quais você não seja interrompido e possa continuar dando conta da tarefa, após o aquecimento." Você terá que estar capacitado a "organizar o tempo em segmentos relativamente consideráveis", especialmente para a análise prolongada e as avaliações bem calibradas, que as pessoas precisam para tomar decisões e iniciar o processo de inovação, afirmou Drucker. "Não será suficiente contar com breves momentos de tempo à (sua) disposição, mesmo que o total seja um número impressionante de horas."

Reimpressão U0206D

Tomando decisões rápidas e inteligentes

• • •

Não é nenhuma surpresa que a maioria dos gerentes sinta ter menos tempo do que antes para dar conta de mais serviço. Conforme se acelerou o ritmo dos negócios, os gerentes do mundo todo começaram a ser pressionados para tomar decisões mais rápidas, em menos tempo e com informações inadequadas. Se você apenas começou a trabalhar numa empresa agressiva, a necessidade de agir rapidamente será ainda mais urgente.

Embora pareça impossivelmente dificultoso tomar decisões rápidas e inteligentes, *existem*, sim, táticas que você poderá utilizar para acelerar o processo decisório e, mesmo assim, fazer escolhas corretas. As sugestões a seguir estão cheias de estratégias – incluindo o uso de protótipos para transferir a decisão para os clientes, o aproveitamento das oportunidades de ampliar o que você já sabe, de forma a se basear nesse conhecimento quando for necessário, e as armadilhas cognitivas mais comuns, como "custo enterrado".

Ciclo decisório rápido

• • •

Edward Prewit

Ao longo da última década, muitas empresas – e até mesmo setores – adotaram técnicas rápidas como forma de acelerar o desenvolvimento e a fabricação de produtos. Mas apesar de todas as vantagens, a concentração na rapidez dificultou o trabalho dos administradores. Os mercados rapidamente mutáveis tornaram a previsão, o planejamento e a organização – tarefas fundamentais da gestão do que quer que seja – apressadas e perigosamente duvidosas.

Como planejar um estoque para o próximo trimestre, quando o panorama dos negócios muda a cada semana? Como se concentrar no programa de desenvolvimento de produtos, quando o mercado pode tornar todo o esforço sem sentido, da noite para o dia? Em poucas palavras, como tomar decisões adequadas quando a sua área de atuação muda tão rapidamente?

Acrescente mais uma arma a seu arsenal de gerente: o ciclo decisório rápido. Não basta simplesmente "pedalar mais depressa" para tomar decisões mais rápidas. O que é necessário é modificar sistematicamente a maneira como sua equipe processa informações. Seguem-se algumas sugestões oferecidas por grandes "filósofos" gerenciais e utilizadas por grandes empresas que o ajudarão a afiar sua capacidade de agir sabiamente, mesmo que o tempo seja insuficiente e os dados pareçam inadequados.

1: Revise o modelo decisório

O modelo padronizado de pesquisa de mercado – um esforço acelerado para reunir o máximo de dados possível e em seguida sintetizá-los – sempre foi de certa forma insatisfatório, já que as "informações perfeitas" são uma quimera. Mas a necessidade de maior velocidade abala esse conceito decisório tradicional. Os mercados mudam com tamanha rapidez que o gerente à espera de informações mais extensas corre o risco de começar a agir tarde demais. Percy Barnevik, CEO da Asea Brown Boveri (ABB), entendeu corretamente essa nova realidade quando elaborou sua "fórmula 7-3", em fins da década de 1980: é melhor tomar rapidamente uma decisão e acertar sete em cada dez vezes do que ficar procurando a solução perfeita. Aceitar essa proporção de erros pode parecer "inicialmente horroroso; mas quando se pensa melhor no assunto, uma decisão rápida oferece escolhas que uma decisão mais lenta não permite", afirma Walter Reitman, professor emérito do Rensselaer Polytechnic Institute e especialista em ciências administrativas. "Se você tomar a decisão rapidamente e, em uma ou duas semanas enfrentar problemas que ninguém havia previsto, mesmo assim terá chance razoável de reverter ou modificar a decisão ainda a tempo de lidar com os problemas de mercado." Inversamente, uma decisão adiada é uma decisão cujo momento já passou. O mantra de Barnevik é uma das pedras angulares do sucesso da ABB: "Melhor aproximada e rapidamente que cuidadosa e lentamente. A única coisa que não podemos aceitar é gente que não faz nada."

Mas como garantir que suas decisões se revelem acertadas pelo menos 70% das vezes? Confiando na intuição gerencial, afirma Paul Magill, consultor sênior da Monitor Company. A intuição pode parecer inicialmente uma ladeira escorregadia demais para basear julgamentos, mas é, na verdade, uma maneira confiável de se recorrer ao know-how gerencial acumulado. "As pessoas que tomam intuitivamente decisões acertadas estão alavancando aquilo que sabem", afirma Magill. A intuição também corresponde ao ideal de rápida tomada de decisões, acrescenta ele: "É (fator) perceptivo e criativo e não circunscrito por meses e meses de análise."

2: Interconecte-se

A colaboração eletrônica em tempo real é uma coisa tão nova que muitas empresas ainda não perceberam como ela pode revolucionar a tomada de decisões. A atual tecnologia de comunicações "concentra-se em reduzir a zero o tempo que leva para coletar e utilizar informações, aprender, tomar decisões, entrar em ação, desenvolver recursos e inovar", salienta Regis McKenna em seu livro *Competindo em tempo real*. Essa pressão do tempo não é realizada ligando-se um gerente a todas as fontes de informação

– a superabundância de informações pode ser tão mortal quanto a falta de dados – mas, sim, conectando-se os gerentes uns aos outros. Aproveitando-se a conectividade proporcionada pelo correio eletrônico, Internet e por um software de partilha de informações como o Lotus Notes, os gerentes podem consolidar suas bases de conhecimentos e habilidades referentes à tomada de decisões, visando analisar problemas mais rápida e antecipadamente do que jamais foi possível. "A tecnologia do 'armazenar e passar adiante'... permite que as pessoas se envolvam em maior número de coisas – não necessariamente tomando decisões, mas, sim, oferecendo opiniões ou encaminhando as questões a mais pessoas", afirma Christopher Meyer, diretor do Center for Business Innovation da Ernst & Young. "As soluções se formam à medida que as opiniões se confrontam. As pessoas estão entrando em contato com cada vez mais correntes de raciocínio."

Essa colaboração muda muito mais do que apenas a velocidade em que as decisões são tomadas; ela muda *a forma* como se chega a uma decisão. "Alguns problemas podem até se resolver sozinhos, porque, transitando entre diferentes pensadores, acabam assumindo uma forma que se converte numa decisão", acrescenta Meyer, que batizou esse processo de "tomada de decisões intramuros".

3: Teste de mercado

Tradicionalmente encarado como o teste final "aprovado-rejeitado" de qualquer produto, o teste de mercado pode ser ocasionalmente utilizado como teste inicial e coleta de feedback. A Netscape coloca rotineiramente na Web as versões beta de seus softwares – inclusive com *bugs* – oferecendo os produtos gratuitamente a quem se disponha a testá-los. Esse procedimento, na verdade, transfere grande parte do poder decisório para os clientes em potencial. "A colocação de um protótipo no mercado, obtendo-se uma reação e permitindo-se que o próprio mercado molde o produto, chegando ao ponto de identificar os problemas e – em alguns casos – sugerir correções... acelera o processo decisório; você irá reagir às informações do mercado em vez de fazê-lo no fim do ciclo decisório", explica Meyer. "Deixe o mercado gerenciar o seu produto" é um dos principais temas do livro *Blur*, de co-autoria de Meyer.

A Amazon.com leva esse conceito ainda mais longe. Buscando o feedback de seus clientes sempre que pode, a livraria on-line consegue saber muito rapidamente as preferências dos compradores. O resultado disso é que a Amazon mantém níveis de estoque ideais, aperfeiçoa a maneira como "embala" suas ofertas e atinge os clientes tanto fiéis quanto em perspectiva, de formas novas e inesperadas. "A Amazon parece descobrir novas 'nesgas' com enorme freqüência, metabolizando o que o mercado lhe diz e reagindo a isso", afirma Meyer.

Embora a conectividade instantânea engendrada pela Web conceda a vantagem da velocidade a empresas virtuais como a Netscape e a Amazon, os fabricantes e as empresas que prestam serviços também podem utilizar a Internet para reduzir a distância entre o processo decisório e os clientes. A Dell Computers costumava confiar no telefone para vender diretamente aos clientes. Valendo-se da Web, entretanto, a Dell consegue oferecer à clientela muito mais informações acerca das opções, ao mesmo tempo em que rastreia as preferências dos clientes. Essa capacidade on-line permitiu à Dell reduzir o prazo de entrega de 14 para 2 dias.

4: Reformule o processo decisório

Assim como as operações de produção podem ser reformuladas de forma a reduzir a duração do processo, este pode ser reformulado para se chegar mais rapidamente a uma solução, observa Doug Rohall, diretor da Monitor Company. Ele ajuda os clientes corporativos a identificar as escolhas críticas que enfrentam, sabatinando-os acerca do cenário de mercado onde operam; em seguida, Rohall os ajuda a se concentrar nos poucos itens que exigem atenção imediata, como as operações processuais ou a estratégia de preços da empresa. "Essencialmente falando, estamos afiando a questão e 'projetando a sondagem'", afirma Rohall. Essa abordagem é especialmente útil nas situações que envolvem muita incerteza, como o lançamento de novos produtos em relação aos quais as necessidades dos clientes não são bem conhecidas ou as "jogadas de mercado" onde é quase impossível prever a reação dos concorrentes. Em seguida, Rohall ajuda os executivos a determinar como poderão continuar tomando conhecimento daquilo que precisam saber. "Veja, é realmente difícil pensar a respeito da reação da concorrência; mas é muito mais fácil conversar com meia centena de clientes. Sendo assim, faça isso primeiro", recomenda Rohall. Seu método também destaca as áreas onde a certeza é impossível. "Nem tudo pode ser bem quantificado. A tarefa é limitar as escolhas o mais rigorosamente possível."

Magill aplica uma sistematização semelhante às decisões estratégicas de seus clientes. Examina o contexto competitivo onde eles operam: segmentos, clientes, concorrentes, funcionários, desenvolvimento de produtos, operações, marketing, atribuição de preços, canais de distribuição, parceiros e reguladores do ramo de atividades. E declara: "Uma das coisas mais proveitosas que um administrador pode fazer é compreender toda a gama de questões estratégicas." Essa revisão sistemática revela pontos cegos gerenciais. Magill explica, por exemplo, que "alguns gerentes ficam fixados naquilo que o cliente acabou de lhes dizer. Outros se fixam na plena utilização da capacidade, porque 'mastigam' os números e sabem que é isso que impulsiona a lucratividade. Os dois grupos estão corretos, mas, quando enfrentam uma decisão estratégica forçosa, não conseguem integrar as questões".

5: Descentralize a tomada de decisões

Embora a autoridade relativa ao processo decisório venha sendo cada vez mais empurrada hierarquia abaixo até os gerentes de nível inferior e intermediário, essa pré-condição do ciclo decisório rápido não deve ser ignorada. "Grande parte da antiga estrutura decisória foi herdada de pessoas que serviram nas forças armadas, onde se presume que o sujeito abaixo de você é sempre um idiota", afirma Reitman. Essa suposição não só contradiz as expectativas dos empregados contemporâneos como também desperdiça recursos. Até mesmo as forças armadas – as clássicas organizações de comando e controle – estão percebendo as vantagens dos subordinados dotados de poder de decisão; Meyer salienta que os fuzileiros navais são hoje treinados a avaliar independentemente cada situação e a tomar decisões em vez de ficarem simplesmente aguardando ordens.

Os ciclos de vida mais curtos, os ciclos de desenvolvimento abreviados, a rápida abertura (e também o fechamento) de oportunidades no mercado – tudo isso sublinha a necessidade de uma revisão da maneira como as decisões são tomadas. As estratégias "ciclo rápido" ajudam você a trabalhar mais inteligente *e* rapidamente, remodelando e reorganizando os processos de tomada de decisão em sua empresa, visando à vantagem máxima.

Leituras Adicionais

Blur: The Speed of Change in the Connected Economy. Stan Davis e Christopher Meyer (Addison-Wesley, 1998).

Competindo em tempo real. Regis McKenna (Campus/Elsevier, 1998).

The Death of Distance: How the Communications Revolution Is Changing Our Lives. Frances Cairncross (Harvard Business School Press, 2001, brochura).

Reimpressão U9808C

Liderança acelerada

Você tem tudo de que precisa?

• • •

Robert J. Thomas e Warren Bennis

A velocidade é considerada líquida e certa na economia de hoje, especialmente quando se considera a rapidez com que as repercussões perigosas podem ter início em eventos aparentemente insignificantes. Mas os pressupostos para uma execução rápida – a escolha de uma orientação e a rápida tomada de decisões – permanecem freqüentemente invisíveis. Essas capacidades são essencialmente funções de liderança, mas como afirmar que você ou o candidato que você está entrevistando as possuem?

Características do líder veloz

Durante a pesquisa referente ao livro *Geeks and Geezers*, analisamos as qualidades de 43 homens e mulheres – metade abaixo dos

35 anos e metade com até 70 anos – que já haviam demonstrado capacidade de liderar velozmente em uma ampla variedade de situações. Os *geezers** como Dee Hock, CEO emérita da Visa, e Robert Crandall, ex-presidente da American Airlines, vêm ocupando cargos de liderança há muito tempo e já demonstraram sua capacidade de usar mais de um estilo de liderança. Quanto aos *geeks,** nossos critérios de escolha foram os resultados que estes conseguiram, bem como sua reputação. Escolhemos pessoas cujos pares identificaram como líderes a serem seguidos; os exemplos incluem Wendy Kopp, fundadora da ONG Teach for America, e Jeff Wilke, vice-presidente sênior da Amazon.com. Nossas entrevistas, realizadas ao longo de dois anos, resultaram em alguns *insights* importantes acerca dos líderes que progridem em ambientes da alta velocidade.

Eles progridem em cenários não-estruturados

O teórico organizacional Karl Weick afirma que esses ambientes exigem uma bússola porque não existem mapas ou, os que existem, são irremediavelmente desatualizados. As escolas de administração, como os programas de treinamento do exército americano, ensinaram a técnica básica de liderança em ambientes desse tipo a legiões de diplomados: o ciclo "OODA", um contínuo processo de *observar, orientar, decidir* e *agir.* Mas os líderes que entrevistamos exibem abordagem muito diferente à identificação de uma direção quando enfrentam situações confusas ou desconhecidas – algo que batizamos de "AAA" – ou seja *agir, aprender* e

---

**Nota da Editora: Geezers* refere-se à pessoa excêntrica. *Geek* é aquela pessoa atualizada em alta tecnologia e eletrônica.

adaptar. Os líderes velozes empreendem experiências visando ampliar o que já sabem. Ian Clarke, co-fundador da empresa de software Uprizer.com, tem apenas 24 anos e descreve essa atitude como manter-se permanentemente à procura de "coisas que você não sabe que não sabe". O treinador de basquete da Universidade da Califórnia, John Wooden, liderou seu time na conquista sem precedentes de sete campeonatos nacionais. Mas quando lhe perguntamos se ele achava que havia encontrado o "truque da coisa", ele respondeu "Nunca descobri qual é o truque".

A capacidade de avançar em meio à confusão nasce da crença do líder de que poderá aprender a partir de uma série de fontes. Muriel Siebert, a primeira mulher a ocupar um lugar no conselho da Bolsa de Ações de Nova York, obriga-se a observar o mundo a partir de uma série de perspectivas: a dela mesma, a de seus subordinados e pares, a de seus clientes, a dos credores e a das entidades reguladoras. Colocando-se constantemente no lugar do "outro", ela gera uma tensão – uma inquietação – que a leva a procurar conexões anteriormente despercebidas.

Eles lideram com mão leve

Pergunte a um lutador de luta-livre ou a um tenista qual é a atitude a assumir quando se enfrenta um adversário desconhecido ou se apara um saque. As respostas que eles darão provavelmente mencionarão relaxamento, intensidade na concentração e alerta quanto ao inesperado. Pergunte a um líder veloz como ele lidera em situações rapidamente cambiantes e você terá respostas semelhantes, com toda probabilidade. Na verdade, o que vem à mente quando se ouve Sky Dayton, que liderou aos 29 anos a rápida expansão do provedor de Internet Earthlink, é a regra dos cavaleiros: segure as rédeas com mão leve, sem esticá-las nem afrouxá-las totalmente, cedendo o controle ao cavalo. Isso permite que o cavaleiro corrija o cavalo quando for necessário e este sinta que é livre, quando na verdade não é. Em questão: Dayton sabia que podia afrouxar as rédeas do Earthlink quando um candidato a CEO literalmente o conduziu por meio de um perigoso trecho montanha acima.

Os líderes velozes são rápidos em engajar as pessoas que os rodeiam na solução colaborativa dos problemas. Segundo Elizabeth Kao, a bem-sucedida gerente da marca Thunderbird, nau capitânia da Ford Motor Company, as equipes bem lideradas sabem como abordar rapidamente os problemas e são mestras em decidir *como* decidir – se determinada questão, por exemplo, deve ser resolvida pelo consenso, pelo voto da maioria ou por uma minoria que sente paixão pela coisa.

Ao mesmo tempo, os líderes velozes podem tomar decisões difíceis, resolver rapidamente as disputas e ser impositivos quando precisam. Em situações assim, como o progresso em meio à confusão, a autoconfiança desempenha papel proeminente; mas não se trata da arrogância de um George Patton nem de uma certeza cega. Ao contrário, trata-se do resultado de convicções profundamente arraigadas em valores cuja aplicação pode ser examinada mas cuja essência é imutável. Tanto Dayton quanto Kao podem tomar decisões rápidas, alterar a rota de suas equipes e demonstrar firmeza como negociadores porque suas crenças acerca da maneira como tratar clientes – e na verdade todo mundo – oferecem função orientadora: proporcionam sentido e, fazendo isso, ajudam a poupar tempo.

Eles conseguem controlar o ritmo e o fluxo do tempo

Como artífices experientes, os líderes velozes exercem suas habilidades com evidente facilidade e fluidez. Como mágicos, eles parecem capazes de transcender as restrições materiais e como artistas consumados, eles recorrem à *prática* para não se tornarem reféns do tempo: aprendem enquanto os outros meramente observam ou fazem inconscientemente. Esse atributo talvez seja o diferenciador mais profundo entre aqueles que têm ou não sucesso como líderes velozes.

Muitos executivos reclamam que não têm tempo para a prática porque precisam atentar continuamente para o desempenho. Mas a laureada bailarina e coreógrafa Twyla Tharp pratica à medida que executa. Ela desenvolveu a capacidade de aprender e se adaptar em tempo real, freqüentemente verbalizando seus raciocínios como forma de engajar os demais no processo de adaptação.

V. Sundararajan, presidente e CEO da Bharat Petroleum, "fabrica" tempo para ocupar dois cargos, transformando cada diálogo em oportunidade de aprendizado e cada desafio profissional em lição de liderança. Sundararajan desenvolveu a capacidade de se distanciar do momento para observar a si mesmo em ação; ele consegue observar a situação, pensar em como irá reagir e adaptar sua atitude, mantendo-se simultaneamente concentrado no aqui e agora. Em quatro anos ele transformou sua organização, de pouco mais que um mal-disfarçado programa de emprego estatal, em vibrante empresa privada altamente lucrativa, apesar da perda do protecionismo governamental.

Como um mestre de artes marciais, o líder veloz já está planejando como irá reagir aos estímulos que os outros estão começando a enfrentar. A prática constante aperfeiçoou enormemente sua capacidade de prever o que acontecerá em seguida. Assim, quando se perguntar a um líder veloz como ele adquiriu controle sobre o tempo, ele provavelmente irá sorrir. E em seguida negar, como fez o *coach* Wooden, que tenha descoberto o truque.

Logo em seguida saltará para o próximo produto, decisão ou idéia inovadora.

Reimpressão U0204E

Um conselho aos líderes em novos cargos

Aja rápido quando a economia estiver lenta

• • •

Jennifer McFarland

Durante as primeiras semanas como novo CEO da Home Depot, em dezembro de 2000, Robert Nardelli realizou uma reunião de três dias com os executivos da empresa, encontrou-se com os gerentes de lojas em oito cidades e, em seguida, partiu para a América do Sul, onde manteve reuniões cara a cara com funcionários, fornecedores e empreiteiros. Ao mesmo tempo em que passou as semanas seguintes visitando tantas lojas quantas conseguiu, ele também sabatinou alguns contratados de nível sênior, transferiu cinco executivos e eliminou uma camada de gerência, de forma que todos os diretores de divisão dos Estados Unidos começassem a se reportar diretamente a ele.

Por que esse ritmo arrasador? Quando Nardelli chegou, a Home Depot estava enfrentando os problemas de eficiência que freqüentemente atormentam uma empresa que se tornou muito grande rápido demais: em janeiro de 2001, a empresa sofreu seu primeiro declínio nos lucros trimestrais em 15 anos. Mesmo assim, dificilmente se diria que aquilo fosse uma "volta por cima". Nardelli simplesmente não quis manter a empresa aguardando enquanto ele cumpria sua curva de aprendizado.

Mesmo em épocas ideais, há pouco tempo para se comemorar a conquista do cargo sonhado – chefe de divisão, um cargo na equipe de gerência sênior ou talvez até o cargo de CEO. Você tem que chegar já correndo. A impressão que causa e as vitórias ou retrocessos que você experimenta durante a fase inicial de seu novo cargo de liderança terão impacto desproporcional sobre a maneira como seu desempenho será avaliado. Mas se a economia ainda estiver em alvoroço, a envergadura do manto de liderança terá agora um significado a mais – e atrairá um escrutínio adicional.

Especialistas como Michael Watkins, autor da ferramenta on-line "Leadership Transitions" e professor adjunto da Harvard Business School, afirmam que é necessário manter as pessoas energizadas e concentradas na solução de problemas empresariais importantes durante os primeiros seis meses. Outros, tomando como modelo o primeiro quatriênio de Franklin Delano Roosevelt, afirmam que você terá 100 dias para estabelecer o tom de sua forma de administrar. Como é evidente, as circunstâncias desempenharão papel determinante. "Se você tiver 26 anos e estiver assumindo seu primeiro cargo de liderança – aquele que possibilitará uma longa carreira em uma grande organização razoavelmente estável – você terá mais espaço para manobras", afirma John Kotter, que leciona há muito tempo na Harvard Business School. "Mas se a empresa estiver 'perdendo sangue', exigindo uma 'volta por cima' imediata, 100 dias será um bom prazo."

Qualquer que seja o intervalo exato, ele será inegavelmente curto – e irá ficando cada vez mais curto. Em seu clássico de 1996, *Liderando mudanças*, Kotter observa que uma iniciativa de mudança importante pode ocasionalmente levar sete anos para estar concluída. Nos dias de hoje, diz ele, você terá apenas uns três anos para terminá-la. E caso se encontre numa situação de "volta por cima", terá menos tempo ainda: segundo um estudo realizado por Bain & Co. sobre as transformações ocorridas em 21 empresas na década passada, as "voltas por cima" melhor sucedidas ocorrem no prazo de 20 meses.

Mas supondo-se que sua empresa não precise de uma reformulação total, ainda assim haverá questões de calibragem a se ter em mente à medida que você acelerar o quanto puder o processo de tomada de decisões. Você não poderá atribuir o mesmo peso a todos os projetos. Se entrar em cena "com a corda toda", atacando em todas as frentes de combate, você se arriscará a alienar importantes aliados. Seguem-se alguns conselhos sobre a maneira de implementar uma filosofia de resultados rápidos, sem passar um rolo compressor sobre as pessoas que lhe serão mais necessárias.

Experimente dar alguns passos

Se você estiver sendo elevado a um cargo de liderança, talvez tenha muito a aprender sobre os objetivos e a cultura da empresa, seus clientes e talvez até mesmo sobre o ramo de atividades. Além disso, você terá que construir uma rede de apoio. Independentemente de você ser "prata da casa" ou ter vindo de fora, ou da solidez de sua reputação, você ainda terá que estabelecer sua credibilidade *no novo cargo*.

Algo que eles possam levar no coração

O poder de perceber-sentir-mudar

Nos anos transcorridos desde que escreveu o best-seller *Liderando mudanças*, o professor da Harvard Business School, John Kotter, afirma ter desenvolvido "melhor avaliação das limitações de uma análise – e da importância de ensinar por meio do exemplo e atingir o emocional das pessoas".

"Modificar o comportamento das pessoas é menos uma questão de oferecer a elas uma análise que influencie a maneira como elas pensam do que ajudá-las a ver uma verdade que *influencie suas emoções*", escreveu Kotter em *O coração da mudança* (Campus/Elsevier, 2002). "Tanto o raciocínio quanto a emoção são essenciais e ambos são encontrados nas organizações bem-sucedidas; mas o coração da mudança está em nossas emoções. O fluxo perceber-sentir-mudar é mais poderoso que analisar-pensar-mudar."

Assim, as vitórias mais eficazes no curto prazo não servem ao propósito analítico de oferecer um "feedback importante para mudar a maneira como os líderes pensam

Bruce Claflin, presidente e CEO da 3Com, gozava de invejável reputação quando ingressou na empresa de equipamentos para redes de comunicação, em 1998. Havia sido vice-presidente sênior e gerente geral da Digital e, antes disso, tivera 22 anos de sucesso na IBM, onde lançara a linha de laptops Thinkpad. Não obstante, Claflin não acreditava que essa impressionante ficha de serviços lhe concedesse algum tempo extra para saber o que teria pela frente. "Havia constante discussão sobre a rapidez que deve-

acerca da validade de suas visões e estratégias". As vitórias servem aos seguintes propósitos emocionais:

- "Dão um tapinha nas costas de quem trabalha duro para concretizar uma visão."
- "Geram fé no esforço, atraindo aqueles que ainda não estão ajudando de forma ativa."
- "Desarmam os céticos."

Um dos exemplos citados por Kotter é aquele de um departamento de transportes públicos que estava tentando obter apoio para suas iniciativas de mudança. Na intenção de conquistar um importante senador estadual, dono de uma empresa de transportes, o departamento colocou no topo da agenda a simplificação dos 15 formulários que o estado exigia que as empresas de transporte preenchessem anualmente. O departamento reduziu a documentação exigida a um único formulário, sem prejuízo de nenhuma exigência governamental. Eliminada essa "pedra em seu sapato", o senador se tornou rapidamente defensor ferrenho das iniciativas do departamento.

ria ser imposta à organização", lembra ele. "Estarei eu indo longe demais, com muita rapidez? Minha opinião é que, na maioria dos casos, a resposta é negativa. Não importa o que você esteja fazendo, faça-o mais depressa. Todos os erros que cometi ocorreram quando eu não estava me movendo suficientemente rápido, suficientemente a fundo."

Mas o trabalho de assentamento de alicerces só pode ser condensado até certo ponto; sendo assim, é melhor começar a fazer o que deve ser feito antes de seu primeiro dia no novo emprego. A capitalização desse intervalo, antes de assumir, é a chave para um começo poderoso a partir da matéria-prima, escreveram Michael Watkins e Dan Ciampa em *Right from the Start*. Você poderá aprender muito sobre as questões mais estratégicas perante a unidade da organização à qual vai se unir, quando ainda não estiver mergulhado nas exigências diárias do novo cargo.

Tente negociar algum tempo de transição com o seu novo empregador. Use-o para conversar com as pessoas da organização e também com aquelas que saíram da empresa, aconselha John T. Gardner, vice-presidente da firma de recrutamento e seleção Heidrick & Struggles. "Discuta francamente como serão as coisas, quais serão os problemas e no que a organização é realmente boa ou não." Tente "sentir" a empresa em primeira mão, como um cliente a sentiria. Além disso, converse com o seu chefe e, se for adequado, com o chefe de seu chefe. É a única forma de se obter clara compreensão daquilo que se espera de você e da maneira como as coisas são feitas em seu grupo, acrescenta Gardner.

O capital social

Bill Catucci não teve o privilégio de um intervalo anterior à ocupação do cargo quando foi chefiar as operações americanas da Equifax, em novembro de 1999. A unidade americana, que se concentra em fichas de crédito de consumidores, representava o negócio fundamental da empresa – três quartos da receita total. Mas como a Equifax passava por dificuldades, o preço de suas ações estava em queda livre. Durante os primeiros três meses,

Catucci implementou o sistema de medição do comportamento Balanced Scorecard, auxiliado por sua assistente executiva Ann Drake, antiga funcionária da Equifax, e reformulou todo o modelo de orientação.

Segundo a nova estrutura, Catucci e seus subordinados diretos – dez líderes seniores, todos no mesmo plano de incentivos salariais – passam 12 horas juntos todos os meses, reunidos em três posições diferentes: um conselho de desenvolvimento, que se concentra na expansão dos negócios; uma comissão, que trabalha buscando reduzir o custo dos principais processos da empresa; e uma mesa-redonda de desenvolvimento profissional, dedicada às questões de contratação, treinamento e remuneração.

A sorte da unidade americana recuperou-se drasticamente. O primeiro trimestre de 2000 resultou no primeiro de oito trimestres sucessivos em que as ações da Equifax aumentaram de cotação – um recorde não igualado por nenhuma das 500 empresas acompanhadas pela Standard & Poor durante esse período, de acordo com Catucci.

Catucci conseguiu tudo isso sem ser obrigado a substituir nenhum dos líderes seniores da unidade. "Fui imediatamente obrigado a desenvolver um plano de negócios – eu, que nem conhecia a empresa direito", recorda ele. "Tive que confiar na equipe gerencial para saber quais eram as medidas de desempenho relevantes. Eu precisava convencê-los rapidamente, mas não podia simplesmente lhes enfiar as novas iniciativas garganta abaixo."

Não chegue com todas as respostas

A confiança e os elevados padrões pessoais – essência das qualidades que fazem de você um respeitável candidato à liderança – podem também apressar sua queda se o levarem a pensar que pode fazer tudo sozinho. Um dos erros mais comuns é irromper no cenário armado de dados financeiros que apóiem uma solução infalível predeterminada. "Os novos líderes caem nessa armadilha devido à sua arrogância ou insegurança ou porque acreditam que devem parecer decididos e estabelecer um tom direto", afirma Watkins. O seu chefe espera evidentemente que você tenha algumas idéias ao assumir, mas será difícil levar os funcionários a segui-lo se eles acharem que suas propostas ainda estão meio cruas. Em vez disso, comece preparado com uma boa idéia daquilo que precisa ser feito, mas admita que você ainda tem o que aprender.

Depois que se tornou presidente e CEO da fabricante de brinquedos Mattel, Robert A. Eckert logo percebeu que "admitir minha própria ignorância acerca do pessoal e da cultura da empresa – e, na verdade, permitir que os funcionários fossem o 'chefe' em determinadas situações – ajudou-me realmente a liderar" ("Where Leadership Starts", *Harvard Business Review*, novembro de 2001). No começo, Eckert pensava em preencher alguns cargos com gente que já havia trabalhado com ele. Hoje ele se sente feliz por não haver dado seguimento a todas aquelas contratações: se ele não tivesse dado atenção aos conselhos do gerente de RH, teria acabado com alguns gerentes seniores cujos estilos pessoais eram incompatíveis com a cultura da Mattel.

"As impressões, as idéias e as fortes emoções quanto à maneira de lidar com as questões" – a perspectiva que uma rede de conselheiros proporciona – "podem ser mais importantes que as análises financeiras quando se toma decisões cruciais desde o início", afirma Watkins. "O isolamento é o seu maior inimigo."

Concentre-se nas vitórias de curto prazo, que falam às emoções das pessoas

O objetivo da fase inicial de seu novo cargo de liderança, segundo Watkins, deve ser acumular o ímpeto na direção daquilo que você visa conseguir ao longo dos próximos dois ou três anos. Mas, para acumular esse impulso, "você precisa dar primazia às vitórias de curto prazo", afirma o autor. As primeiras vitórias lançam os alicerces para as melhorias em profundidade. Procure, portanto, problemas contornáveis que sejam estratégica e simbolicamente significativos como, por exemplo, funis que reduzam a produtividade, uma decisão de contratação "empacada" ou um programa de incentivos salariais mal administrado (veja "Algo que eles possam levar no coração").

"Você tem que conseguir algumas vitórias para que as pessoas se sintam bem consigo mesmas", explica um líder em *Right from the Start*. E a experiência de desenvolvimento que você adquire no trabalho é incalculável, afirma Joan Gurvis, associada de programação sênior do Center for Creative Leadership. "Cada desafio irá prepará-lo para o desafio seguinte, mais difícil. Na verdade, você irá assentar os alicerces para o futuro sucesso de sua unidade – e também para seu próprio sucesso."

Leituras Adicionais

Right from the Start: Taking Charge in a New Leadership Role. Dan Ciampa e Michael D. Watkins (Harvard Business School Press, 1999).

Taking Charge in Your New Leadership Role: A Workbook. Michael D. Watkins (Harvard Business School Press, 2001).

Reimpressão U0204A

Não jogue dinheiro (ou tempo) fora se algo não der certo

• • •

Jimmy Guterman

Você aprovou o desenvolvimento de um novo produto altamente sofisticado de sua empresa e agora, um ano mais tarde, as coisas não vão lá muito bem. Apesar das previsões um ano atrás, segundo as quais os clientes queriam esse produto, o mercado mudou e a reação é incerta, na melhor das hipóteses. Você não vai desistir e jogar fora $10 milhões, vai?

Na verdade, gastar um centavo a mais em um produto condenado é a decisão mais errada, dizem os especialistas. Perseguir o "custo enterrado", o investimento que não é mais recuperável, é um erro que as pessoas cometem freqüentemente quando tomam decisões. *Só mais uns $200 mil*, você diz a si mesmo, *e conseguiremos recuperar nosso investimento anterior.*

Não siga essa linha de raciocínio. A verdadeira sabedoria gerencial reside numa espécie de esquecimento – a capacidade de ignorar os investimentos, os custos e os benefícios anteriores da decisão em questão. Mas, curiosamente, a capacidade das pessoas para negligenciar os investimentos anteriores parece variar conforme o investimento tenha sido de tempo ou dinheiro. Uma vez que estão mais acostumadas a contabilizar dinheiro, elas são mais propensas a conceder indevida importância aos investimentos monetários anteriores.

Quando enfrentam informações insuficientes e restrições de tempo apertadas, os gerentes costumam regularmente utilizar estratégias simplificadoras, conhecidas como *heurística de avaliação*, e tomar atalhos decisórios. O problema é que a psicologia humana sempre se intromete no processo, levando a propensões cognitivas – conclusões baseadas em percepções indevidas ou inferências falhas. A armadilha do "custo enterrado" é uma atitude característica da propensão cognitiva. Max H. Bazerman, professor de Administração de Empresas da Harvard Business School e autor de vários livros – entre eles *Judgement in Managerial Decision Making* – associa essa "escalada irracional do comprometimento" a ficar parado horas em um ponto de ônibus. A certa altura, será necessário admitir que não haverá ônibus algum.

Visando assegurar que você não escale o comprometimento de sua empresa em relação a um produto, pessoa ou estratégia, além daquilo que seria razoável, seguem-se algumas sugestões testadas e aprovadas que o ajudarão a identificar a armadilha do "custo enterrado" antes que você enterre mais tempo ou dinheiro em um buraco sem fundo.

1: Não faça escolhas apenas para justificar decisões passadas

O contexto sempre influencia as decisões tomadas e a maneira como se chega a elas. Dito isso, é crucial não deixar que o contexto obscureça o objetivo mais importante quando se decide algo: tomar decisões sólidas, baseadas nos pretendidos efeitos futuros e não para legitimar decisões anteriores. Não se pode manter uma pessoa que esteja abaixo das expectativas apenas porque ela foi contratada e ninguém quer ser chamado de vira-casaca. Não se oferece linhas de crédito adicionais a uma empresa que não honrou seus compromissos apenas porque foi tomada a decisão de conceder um empréstimo e ela jura que bastará apenas mais um empréstimo para que haja uma reviravolta.

Você tem que ser capaz de reconhecer que a decisão anterior foi um erro. "O gerente esperto tem que desconsiderar o custo enterrado e a decisão que ocasionou o fato", afirma David E. Bell, professor da Harvard Business School e autor de vários livros sobre o processo decisório. "Você tem que considerar os custos e os benefícios de se ir em frente. Você continua se arrastando baseado na esperança ou aceita o fato de que algo não deu certo?"

Um erro comum que resulta no custo enterrado: a incapacidade de coletar evidências externas para justificar uma decisão. Nesse caso, quem tomou a decisão persegue o custo enterrado porque não leva em conta a maneira como outras pessoas, que não os seus supervisores, podem encarar o dilema. Ao se defrontar com a escolha entre seguir ou não em frente com um projeto, consulte tantas vozes externas e tantos advogados do diabo quantos você puder. As atitudes demasiadamente cautelosas – que podem levar à armadilha do custo enterrado – são mais freqüentes quando a pessoa que toma decisões não considera o quadro geral ou não consulta fontes externas, sustentam Shlomo Benartzi, professor da Universidade da Califórnia, e Richard H. Thales, professor da Universidade de Chicago, em matéria publicada em *Management Science*.

Como disse Warren Buffett: "Quando você se descobre em um buraco, a melhor coisa que pode fazer é parar de cavar."

Se você olhar para fora, poderá ser mais fácil evitar a escalada. Em 1995, a USAir foi posta à venda. Comentou-se que duas empresas aéreas maiores, a American e a United, estariam muito interessadas e a expectativa era a de que os lances seriam cada vez maiores: a American e a United ofereceriam cada vez mais dinheiro, temendo que a perda do negócio as deixasse "de cara no chão".

Como foi que a American escapou dessa duvidosa guerra de propostas? Indicando que não faria nenhuma proposta relativa à compra da USAir – a menos que a United o fizesse primeiro. Se isso acontecesse, sugeriu a American, que se esperasse uma guerra de preços. O que acabou acontecendo foi que a United não apresentou nenhuma proposta inicial – e nem a American. Concedendo à sua concorrente a oportunidade de se adiantar antes que as ofertas começassem, a American se protegeu de um embaraço que seria um desperdício de dinheiro.

2: Concentre-se na qualidade da decisão e não na qualidade dos resultados

Todo mundo toma ocasionalmente decisões erradas – nem mesmo os especialistas conseguem prever todos os resultados possíveis. Muita gente que é obrigada a tomar decisões cai na armadilha do "custo enterrado" porque receia ser julgada pelas infelizes conseqüências de decisões que, na época, pareciam boas. Sendo assim, se você estiver gerenciando gente obrigada a tomar decisões, poderá prevenir a escalada desnecessária do envolvimento, deixando claro que ninguém será castigado por não ter uma bola de cristal.

"Infelizmente, as pessoas são freqüentemente avaliadas em relação à qualidade dos resultados e não das decisões", afirma Howard Raiffa, professor mérito da Harvard Business School. "Muito freqüentemente, uma alteração do *status quo* aciona imediatamente uma avaliação. Se as pessoas que tomam decisões evitarem as mudanças, os projetos podem se arrastar sem que elas sejam consideradas responsáveis. As decisões corretas podem acarretar maus resultados, mesmo no caso dos que são bons em matéria de decidir. Qualquer processo de revisão externo, se tiver que haver algum nesse momento, terá que levar isso em consideração. Caso contrário, uma pessoa que acredite que será demitida devido a um mau resultado poderá insistir em modificar esse resultado, porque... ora, talvez ele mude e ela se sentirá vingada. Mas ela sabe que nunca terá sua vingança se retornar ao plano original."

"Quem toma decisões apresenta acentuada tendência a alternativas que perpetuam o *status quo*", afirmaram Raiffa e seus co-autores, John S. Hammond, III e Ralph L. Keeney, em "The Hidden Traps in Decision Making". Quando as coisas azedam, explica Raiffa, os tomadores de decisão se tornam "mais preocupados com atos de envolvimento, como mudar de rumo, do que com atos de omissão, como continuar conduzindo a empresa pelo caminho errado. O raciocínio é: *Se eu simplesmente deixar tudo como está, as coisas talvez mudem. Se eu cometer uma ação de envolvimento e admitir que a rota atual é a errada, isso poderá acionar um processo de revisão fora de hora.* Existem enormes pressões internas e externas para ir em frente, mesmo que todos percebam que a coisa está errada e vai continuar errada."

"O custo do tempo perdido aparece quando as pessoas caem numa rotina e têm medo de pensar", afirma Raiffa. "As pessoas acham que seus projetos vão mal, que elas mesmas estão indo mal, mas sentem-se imobilizadas e têm medo de mudar. Estão tão envolvidas, emocionalmente, que se agarram ao *status quo.* O gerente esclarecido precisa perceber quando isso está acontecendo, consigo mesmo e com os outros, e escapar dessa armadilha."

3: Quanto mais você equacionar tempo e dinheiro, mais vulnerável será à armadilha do "custo enterrado"

Foi essa a conclusão tirada pelo professor de marketing Dilip Soman, da Universidade de Ciência e Tecnologia de Hong Kong, com base numa série de experiências de custo enterrado conduzidas por ele. Como Soman assinalou em matéria recentemente publicada no *Journal of Behavioral Decision Making*, a armadilha do "custo enterrado" tende a não aparecer quando o investimento consistiu em tempo. Mas à medida que as pessoas se tornam mais capazes de contabilizar mentalmente o tempo – ou seja, conseguem converter um investimento de tempo em seu equivalente monetário – suas decisões tornam-se mais passíveis de ser enviesadas pelo custo do tempo perdido.

4: Institua regras em matéria de decisão para prevenir raciocínios nebulosos

Em seu livro *Judgement in Managerial Decision Making*, Bazerman identifica um cenário comum: "Você decidiu pessoalmente contratar um novo gerente de nível médio que irá trabalhar para você. Embora houvesse esperado um excelente desempenho, os primeiros relatórios sugerem que ele não está correspondendo ao que você esperava. Deveria você demiti-lo? Talvez você não possa realmente tolerar seu atual nível de desempenho. Por outro lado, você investiu muito no treinamento dele e, além disso, talvez ele esteja no processo de aprender as coisas. Sendo assim, você decide investir mais algum tempo nele e fornecer recursos a mais, de forma que ele se saia bem. Mas nem assim ele se comporta como você esperava. Embora tenha mais razões para 'reduzir suas perdas', você agora já investiu ainda mais nesse funcionário."

Muita gente que é obrigada a tomar decisões cai na armadilha do "custo enterrado" porque receia ser julgada pelas infelizes conseqüências de decisões que, na época, pareciam boas.

Os objetivos identificados de modo exato podem ajudá-lo a evitar esse interminável círculo de racionalizar decisões anteriores. Se tiver determinado antecipadamente quanto tempo e dinheiro está disposto a investir em um projeto ou numa pessoa, antes de começar a observar os resultados, você terá menos probabilidade de cair na armadilha do "custo enterrado". Como disse certa vez o guru de investimentos Warren Buffett: "Quando você se descobre em um buraco, a melhor coisa que pode fazer é parar de cavar." Esses objetivos lhe dirão quando entregar os pontos. Segundo Bazerman, eles permitirão que você diferencie "as situações em que a persistência se pagará ou não por si mesma".

Leituras Adicionais

Judgement in Managerial Decision Making. Max H. Bazerman (John Wiley & Sons, 2001).

"Risk Aversion or Myopia?". Shlomo Benartzi e Richard H. Thaler (*Management Science*, Vol. 45, nº 3, março de 1999).

"The mental Accounting of Sunk Time Costs". Dilip Soman (*Journal of Behavioral Decision Making*, Vol. 14, 2001).

Reimpressão U0205D

Quais deverão ser os projetos prioritários?

• • •

Paul Michelman

Você não pode fazer tudo; sendo assim, o que você irá fazer? O que é melhor para a sua carreira, para a sua equipe ou para a sua empresa? Agarrar o fruto ao alcance da mão ou tentar chegar às estrelas?

A seleção dos projetos a serem iniciados e daqueles que deverão ser deixados de lado é uma das decisões mais difíceis e importantes entre todas que qualquer executivo enfrenta. "Há sempre mais tarefas produtivas 'para ontem' que tempo disponível para cumpri-las e mais oportunidades do que pessoas que possam aproveitá-las", comenta Peter Drucker em seu clássico *The Effective Executive* (Harper Collins, 1967). Posto isso, a necessidade de priorizar é permanente. "A única dúvida é saber quem tomará a decisão", escreve Drucker, "se o executivo ou as pressões". Se "for permitido que as pressões tomem a decisão, as tarefas importantes serão previsivelmente sacrificadas".

Em outras palavras, se quiser ter o maior impacto possível, você terá que se manter no controle de suas próprias prioridades. Comece a fazer isso formulando algumas perguntas simples. B.J. Gallagher, ex-gerente de treinamento do *Los Angeles Times* e co-autor de *Um pavão na terra dos pingüins* (Campus/Elsevier, 2004), sugere as seguintes:

- Qual desses "para fazer" terá maior impacto sobre minha equipe e minha organização?
- Qual deles é importante para o meu chefe?
- Qual deles poderia fazer grande diferença em meu sucesso pessoal?
- Qual deles terá o maior impacto negativo, se eu não o fizer?

O que você quer é identificar um mix de projetos que, em sua totalidade, beneficiarão sua empresa, seu patrão, sua equipe *e* você mesmo. Coloque no alto da lista os projetos que beneficiam o apanhado mais amplo desse eleitorado.

Os projetos também deverão ser analisados "segundo a maneira como se relacionam ao 'propósito concentrado' de alguém", afirma Howard Goldman, autor de *Choose What Works* (Wynnefield Business Press, 2004). "O propósito concentrado é a interseção da estratégia a longo prazo com os exeqüíveis críticos que validam o longo prazo."

Ao estabelecer suas prioridades, observe antes a maneira como cada um de seus projetos em potencial se alinha com a estratégia corporativa e analise o que poderá movimentar a empresa de maneira mais eficaz na direção de seus objetivos. Se a retomada do crescimento for uma das prioridades, concentre-se naquilo que você pode fazer para ajudar a linha mestra. Como poderá obter o maior impacto na conquista de novos clientes, no aumento das vendas ou na expansão da distribuição?

Depois, seja mais específico ainda. Segundo Annette Richmond, diretora do Richmond Consulting Group, se você for um gerente encarregado de ampliar as vendas, responda às seguintes perguntas: "O que poderá me ajudar mais? Novos materiais de marketing? Mais gente? Uma mudança de estratégia? Escolha o projeto que terá o impacto mais imediato."

Em seguida, analise qual de seus projetos apóia mais diretamente as metas de seu chefe para o próximo ano. Em caso de dúvida, pergunte.

Observe então as necessidades de sua equipe. Qual será a melhor forma de apoiar os membros de sua equipe na consecução das metas departamentais? Tenha o cuidado de não descartar projetos aparentemente menores, que ajudarão seus subordinados diretos a atingir metas de desempenho. Seu apoio poderá pagar grandes dividendos em matéria de lealdade.

Depois de considerados os objetivos estratégicos da empresa, as prioridades de seu chefe e as necessidades de sua equipe, analise como estas se comparam a seus objetivos pessoais. Por um lado, colocar o "bem maior" acima de seus anseios pessoais pode situá-lo como um jogador em equipe, dono de uma ampla visão estratégica. Por outro lado, nem todas as organizações são aptas a identificar pessoas que agem tão altruisticamente.

"O estabelecimento de prioridades é um esforço em colaboração", afirma a consultora gerencial Kristin Arnold. Reúna-se com o seu chefe e "discuta os planos estratégicos e de negócios, os projetos atuais e os projetos em potencial para o próximo ano. Uma vez elaborada a relação de possibilidades, priorize os objetivos juntamente com ele".

Estabelecer as prioridades é apenas metade da batalha; muita gente diria que é a metade mais fácil. Você deverá, em seguida, ter a coragem de defender suas convicções, especialmente quando se trata das *posterioridades* – os projetos que não são prioritários. "Cada posterioridade é a prioridade máxima de alguém mais", afirma Drucker. "É muito mais fácil redigir uma bela lista de altas prioridades e depois se precaver, tentando fazer 'apenas um pouquinho' de todo o resto. Isso deixa todo mundo contente. A única desvantagem é que nada acaba sendo feito."

Reimpressão U0404D

Prevenindo-se contra a exaustão

• • •

Os gerentes carentes de tempo são notoriamente sujeitos à total exaustão – uma condição que é prejudicial para você e para a empresa. Mas há boas notícias: os especialistas identificaram várias disciplinas, rotinas e práticas simples que você pode incorporar à sua vida para manter a exaustão sob controle.

Como você constatará nos artigos desta seção, até mesmo as pequenas mudanças – como manter uma mala já preparada para as eventuais viagens de negócios – podem aliviar enormemente o estresse relacionado à pressão do tempo. As técnicas de relaxamento (como ioga ou meditação) e a velha e boa vida saudável (incluindo comer bem e exercitar-se regularmente) também podem fazer muito para prevenir a total exaustão. E não esqueça o valor da delegação: não aceitando as tarefas que podem ser cumpridas por seus subordinados, você reduzirá o seu estresse, restabelecerá suas altas prioridades e incentivará os membros de sua equipe a desenvolver as próprias habilidades profissionais. Em conjunto, todas essas práticas o ajudarão a reduzir o risco de total exaustão. Os beneficiados com isso serão você, sua empresa e seus subordinados.

Entendendo e evitando os grilhões do tempo

• • •

David Stauffer

Você por acaso se reconhece em alguma das descrições a seguir?

> "O dia de trabalho de Gwen... é normalmente de oito a nove horas, sem contar o trabalho que freqüentemente ela leva para fazer em casa."

> "As histórias que Gwen conta... falam de chegar em casa e abrir a geladeira, onde há pouco mais que uma alface velha ou um frasco de azeitonas, e são narradas com um ar de desamparada perplexidade."

> "Havia, em certo sentido, dois lares da família Bell: o da família afobada que, na realidade, era e a família relaxada que ela imaginava que poderia ser, caso tivesse tempo para tal."

Arlie Russell Hochschild, professora de sociologia da Universidade da Califórnia, descreve a situação dos Bell (um pseudônimo) no livro *The Time Bind*. A obra resume a pesquisa realizada durante os três verões que Hochschild passou "seguindo" mais de 100 funcionários da matriz de uma empresa *Fortune 500* cujo nome foi omitido. Se as situações descritas por ela "tocam um sininho" conhecido em sua cabeça, você faz parte do vasto número de cidadãos trabalhadores, conscienciosos e tementes à lei (exceto por dirigirem por aí em alta velocidade) – que se sentem inacreditavelmente pressionados pelo tempo.

Abandone a idéia de que determinadas atividades devem ser continuamente adiadas em favor das "exigências" de outras atividades.

Hochschild não deixa nenhuma dúvida de que os carentes de tempo merecem coisa melhor. No entanto, ela aparentemente acredita que há pouquíssimo que as pessoas possam fazer sozinhas para melhorar esse estado de coisas. "Os pais se referem cada vez mais ao tempo, como se ele fosse uma forma ameaçada de capital pessoal... um capital cujo valor parece aumentar ou diminuir obedecendo a forças que escapam a seu controle."

A socióloga relaciona e denuncia uma série de formas de "lidar com os grilhões do tempo como um problema puramente pessoal e de desenvolver estratégias pessoais para enfrentá-los". Ela defende vigorosamente a idéia de que "a libertação dos grilhões do tempo exige ação coletiva em vez de individual: os trabalhadores devem contestar diretamente a organização – e os organizadores – do espaço de trabalho".

A confiança quase absoluta de Hochschild na ação coletiva chega a ser uma surpresa à luz das muitas técnicas visando o alívio da pressão temporal, advogadas por gente inteligente de todo o país. Essas pessoas informam que existem realmente formas do indivíduo e da família lutarem contra – e às vezes domarem – a besta da programação, contrariamente à conclusão central de *The Time Bind*.

1: Inverta a sua relação com o tempo

A única forma de você se libertar da prisão do tempo, e de conseguir dominá-lo, é promover uma mudança fundamental na maneira como você o encara. Abandone a idéia de que determinadas atividades devem ser continuamente adiadas em favor das "exigências" de outras. Adote a noção segundo a qual as atividades que você valoriza são tão importantes quanto aquelas que você se sente obrigado a realizar porque, na verdade, elas são invioláveis. Seguem-se algumas formas de se conseguir isso.

Concentre-se no que é realmente importante

"Ser muito ocupado é muito mais fácil do que ser eficaz", afirma A. Roger Merrill, da Franklin Covey Company. Merrill não questiona a crescente pressão que você talvez sofra para fazer tantas coisas em tão pouco tempo. "Mas esquecemos com muita facilidade de diferenciar o que é urgente do que é importante. A urgência pode se transformar numa dependência."

Coloque, portanto, as coisas importantes na frente das outras. Essa sabedoria se torna evidente durante as verdadeiras crises, afirma o Dr. Kenneth R. Pelletier, que pesquisa o controle do estresse na Stanford School of Medicine. "Quando uma criança fica doente ou perde um dos pais, lembramo-nos imediatamente do que é importante e nossas prioridades se tornam absolutamente claras."

Mude seu diálogo interior

Experimente utilizar o que o psicólogo organizacional Donald Moine chama de afirmações. "Ao realizar alguma tarefa, você está constantemente dialogando consigo mesmo sobre ela", observa ele, acrescentando que essas mensagens são extremamente poderosas. "Você pode fazer o resultado esperado realmente acontecer", argumenta Moine. Experimente repetir continuamente afirmações positivas como, por exemplo, "Eu controlo a maneira como passo meu tempo". O exercício é "essencial" para se conseguir o resultado desejado.

Admita que você não consegue fazer tudo

Em seu livro *Information Anxiety*, o iconoclasta Richard Saul Wurman afirma que muitos de nós ajudamos a gerar as pressões do tempo que percebemos, assinando, por exemplo, uma infinidade de jornais e revistas. "Você celebra cada assinatura como se ela confirmasse que você faz parte de uma elite, o Clube das Pessoas Bem Informadas." Mas sempre haverá mais publicações e mais demandas impostas a seu tempo do que aquelas que você possivelmente consiga acompanhar. Wurman afirma que a solução é admitir que você não consegue fazer tudo e "estreitar a sua área", fazendo escolhas difíceis acerca do que merece a sua atenção.

"Uma missão e os objetivos de longo prazo lhe darão a sensação de sua vida ter mais sentido."

Desfrute o ato de fazer e não apenas o de ver a coisa feita

A "doença da pressa" é um conceito desenvolvido pelo psicólogo Bruce A. Baldwin, que encabeça a empresa de consultoria Direction Dynamics. Ele atribui a doença da pressa à "progressiva necessidade de conclusão da tarefa". Como parte da receita para curar essa doença, Baldwin afirma que você deve se reconciliar com os "inevitáveis problemas e atrasos que fazem parte da vida" e desfrutar suas experiências, de forma a "se descobrir querendo prolongar (uma atividade), porque está se divertindo muito!".

2: Decida aonde você quer chegar e planeje como chegar lá

A lição é antiga e conhecida, mas merece ser lembrada, ainda que seja apenas para as legiões que continuam esquecendo: o tempo deve ser encarado como um recurso, afirma Jack D. Ferner, professor de administração da Wake Forest University, e "dedicado ao que for mais necessário". Mas, em se tratando deste recurso, lembra ele, a alocação (do tempo) às coisas mais importantes "parece ser continuamente protelada". E Ferner reitera uma verdade perene: o estabelecimento dos objetivos é o primeiro passo para a melhor alocação do tempo. Os especialistas oferecem muitas sugestões sobre a maneira de se fazer isso.

Estabeleça objetivos de longo prazo

Dr. Pelletier conta que um famoso explorador polar lhe disse certa vez: "Você pode dar a volta cada vez mais rápido, pelo Equador, mas nunca chegará ao Pólo Norte."

Portanto, cruze os dedos e imagine o que você quer ver concluído a longo prazo. Andrew J. DuBrin, consultor e professor de administração do Rochester Institute of Technology, apresenta as razões mais importantes para se fazer isso: "Uma missão e os objetivos a longo prazo lhe darão a sensação de sua vida ter mais sentido. Você se posiciona melhor, em relação ao trabalho, à família e à comunidade. Acredito também que você será mais capaz de enfrentar as pequenas frustrações que todo mundo enfrenta."

Não pense que isso significa que esses objetivos devem orientar tudo que você faz. Isso seria apenas substituir uma prisão temporal por outra. Mas, se você colocar os objetivos no papel e colocar a relação onde possa vê-la uma ou duas vezes por mês, ficará surpreso ao descobrir como os objetivos o ajudarão a poupar tempo – talvez porque eles funcionarão implicitamente como marcos de prioridade.

Elabore uma programação semanal permanente

Analise a maneira como você quer aproveitar o seu tempo, em termos de categorias de atividades – trabalho, tarefas caseiras, exercício, atividades com a família, relaxamento descompromissado e assim por diante. Calcule o número de horas que você dedicará semanalmente a cada categoria.

Depois que tiver traçado a sua programação semanal geral, use-a para conferir – conforme a semana vai passando – o ponto aproximado onde você se encontra em relação ao tempo reservado para cada categoria principal. Conforme for chegando o fim da semana, experimente dedicar mais tempo às atividades que ficaram aquém do previsto no começo da semana.

Estabeleça objetivos fundamentais, diários e semanais

Depois que tiver sua programação semanal permanente, você estará pronto para individualizá-la, planejando cada semana no primeiro desses sete dias. Stephen Covey e seus associados recomendam uma reunião familiar semanal ao redor da mesa, durante a qual cada pessoa falará sobre as próprias obrigações e os principais objetivos referentes à semana que se inicia. Os membros da família o ajudarão a evitar que as questões urgentes mas secundárias atropelem as importantes, relativas a seus objetivos a longo prazo.

De forma idêntica, mas numa base individual e menos formal, comece cada dia elaborando uma relação das três ou quatro coisas mais importantes que você quer fazer durante o dia. Pelletier descreve isso como "um exercício ilusoriamente simples, que demonstrou ajudar consideravelmente as pessoas a se concentrar e não chegar tão freqüentemente ao fim do dia, com uma sensação de frustração".

3: Dedique mais tempo ao essencial que foi negligenciado

Dedique parte do tempo às atividades que lhe permitem ser mais produtivo o tempo todo para evitar os grilhões do tempo.

Exercite-se como se sua vida dependesse disso

E depende mesmo. Os dados de pesquisa acumulados indicam que o tempo dedicado aos exercícios físicos regulares oferece mais que um simples retorno, na forma de maior produtividade geral. Um estudo, por exemplo, demonstrou que o total de faltas e reivindicações de seguro-saúde (em termos de dólares) dos trabalhadores que se exercitam regularmente é aproximadamente a metade daquelas dos trabalhadores que não se exercitam.

Pare de acumular o déficit de sono

"No começo do século passado, as pessoas dormiam em média 8,5 horas por noite", afirma Timothy Roehrs, professor de psiquiatria da Wayne State University e diretor de pesquisa do Centro de Pesquisas sobre os Distúrbios do Sono, do Henry Ford Hospital, de Detroit. "A média atual é 7,5 horas." Roehrs afirma que a maioria de nós precisa dessa hora "perdida" e que essa falta "resulta, para a maioria das pessoas, na perda de aproximadamente 20% da eficiência no desempenho".

Não negligencie o lado espiritual

Em *Os 7 hábitos das pessoas altamente eficazes*, Stephen Covey menciona uma citação atribuída a Martinho Lutero – "Tenho tanto que fazer hoje que preciso passar mais uma hora de joelhos" – para veicular a idéia de que "quando reservamos tempo para nos lembrar (da dimensão espiritual)... ela se abre como um guarda-chuva sobre tudo mais". Roger Merrill, um dos associados de Covey, argumenta que a leitura regular das obras clássicas de inspiração pode ajudar o esforço de fazer mais. "Os participantes de meus seminários relatam surpreendente efeito de se dedicar apenas 10 ou 15 minutos diários a essas obras."

Reserve tempo para não fazer nada

O psicólogo Bruce A. Baldwin relaciona as "crenças irracionais" sobre o relaxamento e as "correções" que informam os fatos racionais sobre a questão, incluindo

- O LAZER SÓ SE JUSTIFICA COMO RECOMPENSA PELO TRABALHO ÁRDUO.
  Correção: Encare o lazer como um "dever de saúde".

- NÃO PODE HAVER NENHUM DESCANSO ENQUANTO AINDA HOUVER TRABALHO A SER FEITO.
  Correção: O trabalho nunca termina; assim, "você deve aceitar o seu trabalho como um processo contínuo".

- SE VOCÊ SE PERMITIR RELAXAR, A SUA PREGUIÇA INTRÍNSECA IRROMPERÁ.
  Correção: Você não é preguiçoso: você está cansado! Deve relaxar e recarregar-se emocionalmente, como os outros.

4: Escolha as técnicas de gestão do tempo adequadas a você

Hochschild questiona o valor final das técnicas de gestão do tempo de longa data: "Paradoxalmente, aquilo que pode parecer uma solução para a falta de tempo dos pais trabalhadores – eficiência e segmentação do tempo – pode mais tarde se fazer sentir como um problema em si." Mas existem maneiras criativas de não ser avassalado pela gestão do tempo, ou por qualquer outra coisa.

Diga "não"

"Dizendo 'sim' quando realmente queremos dizer 'não', estamos obtendo um ganho a curto prazo em troca de um dissabor a longo prazo", afirma a consultora Barbara J. Braham. Ela argumenta que podemos e devemos inverter o efeito ganho-dissabor dizendo não quando não queremos fazer alguma coisa. Entre as vantagens arroladas por ela: "Reduzimos o estresse, aumentamos a produtividade e adquirimos o controle de nossas vidas – exercendo nossa capacidade de fazer escolhas."

Resista ao impulso de deixar tudo perfeito

Miriam Adderholdt-Elliott, ex-professora de pedagogia da University of North Carolina, descreve-se como uma perfeccionista "em recuperação". Os perfeccionistas não conseguem concluir um projeto, observa ela, porque acham que este nunca está perfeito. Aprenda quando parar. Perceba quando o retorno diminui e avance para outra coisa.

Organize-se, sim, mas de um modo adequado a você

"Os métodos populares de gestão do tempo – lista de coisas a serem feitas, manter a mesa 'limpa' e arquivar sistematicamente – foram projetados por e para quem pensa linearmente", afirma a consultora e pensadora não-linear confessa Ann McGee-Cooper.

Segundo ela, os pensadores divergentes, que se sentem mais à vontade com uma mesa abarrotada, programações "para ontem" e encampação simultânea de diversas tarefas, "preferem outra praia". Para eles, McGee-Cooper recomenda uma mesa cheia de pilhas organizadas de documentos, talvez colocadas em porta-pastas coloridos ou cestos de arame. "O seu visitante que raciocina linearmente, inclusive, quem sabe, o seu chefe, verá assim uma 'ordem visual', em vez de alguém que 'perdeu o controle'."

Leituras Adicionais

Getting It Done: The Transforming Power of Self-Discipline. Andrew J. DuBrin (Peterson's/Pacesetter Books, 1995).

It's All in Your Head: Lifestyle Management Strategies for Busy People. Bruce A. Baldwin (Direction Dynamics, 1985).

Primeiro o mais importante. Roger Merrill, Stephen Covey e Rebecca R. Merrill (Campus/Elsevier, 1994).

Sound Mind, Sound Body. Kenneth R. Pelletier (Simon & Schuster, 1994).

Successful Time Management: A Self-Teaching Guide. Jack D. Ferner (John Wiley & Sons, 1995).

The Perfectionist Predicament. Miriam Adderholdt-Elliot e Susan Meltsner (Morrow, 1991).

The Time Bind. Arlie Russell Hochschild (Metropolitan/ Henry Holt, 1997).

Time Management for Unmanageable People. Ann McGee-Cooper (Bantan Books, 1994).

Reimpressão U9708B

Intensifique sua capacidade

Algumas idéias para aumentar a produtividade pessoal

• • •

David Stauffer

As pessoas tentam adquirir energia extra para o dia-a-dia ao ingerir bebidas populares que vão do Geritol ao ginseng. Como não é especializada em farmácia, a *Harvard Management Update* adotou a abordagem que melhor domina e consultou os especialistas.

Tal como você, esses especialistas, em uma série de áreas relacionadas à produtividade pessoal, enfrentam demandas cada vez maiores sobre seu tempo e sua energia. Solicitamos soluções que dão certo para eles e que possam dar certo também para você. Continue lendo, portanto, tome nota.

1: Aceite este mundo imperfeito

Abandone o perfeccionismo, recomenda o consultor e conferencista motivacional Wolf J. Rinke, que dirige sua própria empresa em Clarksville, Maryland. "Os gerentes que se afligem com o perfeccionismo conseguem relativamente pouca coisa", afirma Rinke, "porque são incapazes de delegar e ceder poder". O problema: "A vida, as pessoas, as empresas e até a natureza são imperfeitas." A solução: "Aceite a imperfeição como a ordem normal das coisas. Mas espere o melhor, porque você conseguirá aquilo que espera na maioria das vezes."

2: Acrescente alguns gramas de prevenção

Como presidente do American Institute for Preventive Medicine em Farmington Hills, Michigan, Don R. Powell afirma: "Tento praticar o que preconizo para aumentar minha produtividade pessoal." Isso implica manter hábitos saudáveis que muitos de nós conhecemos bem e praticamos esporadicamente. "Tomo um bom café-da-manhã todos os dias, tento não ficar fazendo lanchinhos, limito a gordura e o colesterol e mantenho a relação peso-altura adequada. Jogo tênis e pratico *jogging* regularmente. Quanto ao controle do estresse, medito duas vezes por dia." Admitindo que "não é fácil mudar de estilo de vida", Powell afirma que o segredo é "fazer pequenas mudanças ao longo do tempo, em vez de tentar alterar todo o seu comportamento de uma só vez".

3: Coloque o córtex cerebral em forma

Você acha que sua produtividade aumentaria se sua memória fosse melhor? Pois junte-se a nós. "Hoje em dia, há cada vez mais pessoas reclamando da falta de memória porque temos muito mais coisas para lembrar", afirma o Dr. Barry Gordon, professor de neurologia e diretor da Johns Hopkins Memory Clinic de Baltimore, Maryland. "Você se lembra de quando só havia cinco canais de televisão e não existia controle remoto?"

Seja seletivo na escolha daquilo que vai lembrar, aconselha Gordon, "porque você não conseguirá se lembrar de tudo. E carregue sempre lápis e papel". Repita o que você escolheu se lembrar, sempre que for possível. "Qualquer participação ativa como a repetição dá um 'tranco' na memória, o que não acontece quando se registra passivamente as informações." Envolva os sentidos, recordando, por exemplo, não só "maçã" como também "vermelho", "suco", "torta" e "mamãe". Esses "códigos múltiplos" ficam armazenados em diferentes localizações no cérebro. "Quanto mais códigos conhecemos, mais propensos estaremos a nos lembrar", afirma Gordon.

Se você for suficientemente perspicaz para se preocupar com sua memória, acrescenta Gordon, "a sua memória é simplesmente ótima, com quase toda certeza". O envelhecimento apresenta apenas dois efeitos difusos sobre a memória: você terá muito mais informações a repassar para recuperar e o tempo de processamento se alongará, à medida que você for envelhecendo. "Mas as pesquisas indicam que, aceitando-se um pouco mais de tempo, a memória do pessoal mais velho é tão boa quanto a das pessoas mais jovens", observa Gordon.

4: Descarte o estresse prejudicial

"Algum estresse é sempre uma coisa boa: ele nos obriga a sair da cadeira e fazer alguma coisa", afirma Bruce Munro, diretor de medicina comportamental do Jackson Hole Institute of Stress Medicine de Wilson, Wyoming. O estresse prejudicial deriva das coisas que sentimos escapar ao nosso controle. "O truque é encontrar uma forma de sentir que temos certo controle, mesmo que não seja na realidade possível ter controle."

Munro afirma que, ocasionalmente, isso significa inventar controle. "Digo a um paciente que entre no banheiro e dê a descarga. Isso – ou uma ação semelhante aparentemente sem sentido – consegue romper o ciclo constante do estresse, em que os efeitos de algo imediatamente estressante extravasam para outras áreas." Essa tática ajuda a manter o estresse em "um nível utilizável, onde obtemos a sensação de controle e transformamos o estresse negativo em positivo".

5: Vença o relógio (circadiano)

Robert Sapolsky, professor de neurociência da Stanford University, afirma que está enfrentando uma nova fonte de estresse e alegria: seu primeiro filho. "Tive que me tornar mais eficaz em matéria de tempo." Seu objetivo principal é "Combater a 'soneira' no meio da tarde. Agora me exercito na metade do dia, pouco antes de um almoço bem leve, para ficar desperto à tarde. Leio tudo que preciso ler nas primeiras horas do dia; depois escrevo um pouco e, em seguida, trabalho em coisas como retornar recados telefônicos e responder meu e-mail." Sapolsky recomenda um estado de alerta circadiano, "fazendo as suas melhores e piores horas do dia corresponderem às suas tarefas mais exigentes e mais automáticas".

O consultor Andrew J. DuBrin chegou à solução circadiana seguindo um caminho diferente. "No começo deste ano, atribuí uma queda em minha produtividade ao fato de eu passar tempo demais do dia no e-mail – inclusive mexendo no sistema", afirma o professor do Rochester Institute of Technology. "Agora, só acesso o e-mail ou entro na Internet em caso de emergência, durante o dia útil."

6: Direcione os recados telefônicos para a Web

A organizadora profissional Lisa Kanarek, que dirige a Everything's Organized, com sede em Dallas, oferece a seguinte dica de produtividade: "Incluí meu endereço eletrônico na secretária eletrônica. Muita gente telefona simplesmente para obter essa informação e isso poupou meu tempo e o tempo deles."

7: Olhe para o futuro e retroceda

O *coach* de executivos e consultor em questões de liderança, James B. Anderson, presidente do Anderson Leadership Group de Vienna, Virgínia, recomenda dois "empurrões" relacionados ao aumento da produtividade.

Exames da visão

"Não estou falando de exames de vista, mas, sim, de contemplar o futuro, onde você quer estar daqui a dez anos. Em seguida, retroceda até o presente: cinco anos a contar de agora, o ano que vem, o mês que vem e a semana que vem. Isso lhe dirá se, neste momento, você está avançando para onde quer estar daqui a dez anos."

Escapadas D, R & R

Ou seja, descansar, relaxar e reconsiderar. "Você não só recarregará suas baterias", observa Anderson, "como também estará recuando um pouco, observando onde esteve e aonde quer chegar".

8: Conecte-se para controlar a preocupação

Segundo o conferencista Edward M. Hallowell, da Harvard Medical School, as preocupações improdutivas "...tóxicas atormentam muita gente hoje em dia". Sua receita para neutralizar os efeitos dessa preocupação é "associar-se mentalmente... à sensação de fazer parte de algo maior que você mesmo".

Os passos de Hallowell na direção dessa associação mental, no local de trabalho, incluem "Dar bom-dia; combinar almoços; mandar um e-mail amigável ou espirituoso... Humor, espontaneidade, riso... Interessar-se pelo que os outros fazem. Pedir opiniões. O local de trabalho conectado é aquele que valoriza as opiniões das outras pessoas. Sem essa associação, você acaba se preocupando. Com ela, você prospera".

9: Aprenda a ter sucesso ao custo de $2

"Em 97% dos casos sabemos como fazer uma modificação que queremos", afirma Jonathan Robinson, psicoterapeuta e líder de seminários de Santa Barbara, Califórnia. "A barreira não é falta de sabedoria, mas, sim, falta de motivação." A solução? "Feche um contrato com você mesmo, relacionando suas metas específicas para a próxima semana. A cada meta que você não atingir no prazo, rasgue $2... Para muita gente, a dor de literalmente rasgar dinheiro é maior que a dor de fugir de uma gulodice, do exercício ou da execução de alguma ação pretendida."

10: Siga a corrente

"O fluxo é a única sensação que você experimenta quando está totalmente imerso em seu trabalho", afirma o professor de psicologia Mihaly Csikszentmihaly, da Universidade de Chicago. "Quando você segue a corrente, sua atividade parece levá-lo sem esforço para diante, como sob o efeito de uma forte corrente... A atividade é a própria recompensa. As horas passam como se fossem minutos e você ignora o que está acontecendo ao redor." Para sentir esse fluxo mais freqüentemente, Csikszentmihaly aconselha: "Experimente dedicar mais tempo às coisas que você mais gosta de fazer. Amplie também a sua gama de atividades. Só não procure fora do trabalho; as pessoas encontram esse fluxo mais freqüentemente nas próprias atividades profissionais do que fora delas."

11: Assinale o *melhor* e o que *poderia ser melhor* de cada dia

O *coach* de executivos Richard D. Buckingham, que chefia a GoalStar Business Strategies de Bethesda, Maryland, sugere que você encerre seu dia (ou semana, ou projeto) com o exercício "Gostei

Muito/Outra Vez". Escreva duas ou três coisas que você tenha feito, que foram mais agradáveis para você – como atingir uma meta ou ter se saído melhor em algo, por exemplo. Em seguida, liste as coisas que você quer melhorar de alguma forma na próxima vez.

"A lista Gostei Muito é um importante tapinhas nas costas", explica Buckingham. "A lista Outra Vez oferece metas específicas para continuar fazendo cada vez melhor."

12: Brinque para se alegrar

"Se você não se gratificar regularmente com diversão e brincadeiras infantis", afirma Ann McGee-Cooper, consultora na cidade de Dallas, "conseguirá fazer cada vez menos coisas e precisará de cada vez mais tempo. Ela conta a história de um grupo cliente: "Quando o grupo 'enfrentava um desafio novo', sua reação era passar um dia inteiro numa fazenda, 'dando tiros em latas vazias, balançando-se nos galhos das árvores e jogando basquete'. Mais tarde e como se fosse mágica, 'eles descobriam soluções maravilhosas' para o novo desafio profissional. 'Isso não aconteceria se eles não tivessem dado uma escapada e se divertido'."

Leituras Adicionais

Finding Flow: The Psychology of Engagement with Everyday Life. Mihaly Csikszntmihaly (Basic Books, 1999; reprodução autorizada).

Getting It Done: The Transformation Power of Self-Discipline. Andrew J. DuBrin (Peterson's/Pacesetter Books, 1995).

Memory: Remembering and Forgetting in Everyday Life. Barry Gordon (Intelligence Amplification, 1996).

Organize Your Home Office for Success. Lisa Kanarek (Blakely Press, 1998).

Time Management for Unmanageable People. Ann McGee-Cooper (Bantan Books, 1994).

Worry: Controlling It and Using It Wisely. Edward M. Hallowell (Pantheon, 1997).

Reimpressão U9809D

Cinco perguntas sobre o incentivo à delegação com Jeffrey Pfeffer

• • •

A freqüente relutância dos gerentes em delegar responsabilidades é assunto que há muito intrigava Jeffrey Pfeffer, autor de *Talentos ocultos* (Campus/Elsevier, 2001), juntamente com Charles O'Reilly. Pfeffer afirma ser cada vez mais evidente que a concessão de mais responsabilidade às pessoas, para a tomada de decisões referentes às respectivas tarefas, gera maior produtividade e envolvimento, além de elevar o moral. No entanto, e apesar dessas vantagens, muitos gerentes relutam em abrir mão do controle. A *Harvard Management Update* perguntou recentemente a Pfeffer, cuja pesquisa ajuda a explicar o porquê dessa relutância, o que as empresas podem fazer para superá-la.

1. Qual é a medida mais eficaz que as empresas podem adotar para incentivar seus gerentes a delegar mais responsabilidades?

Uma das principais formas de se aprender é observar o que as pessoas à nossa volta estão fazendo. Assim, se eu quiser que você delegue mais e microadministre menos, tenho que dar o exemplo. A primeira coisa que todo gerente observa, para decidir qual é a forma mais adequada de agir, é o seu supervisor ou supervisores.

2. Como você descreveria convincentemente o valor da delegação a um subordinado?

Não acho que se possa "descrever" o valor da delegação, pelo menos como forma de modificar o comportamento. A melhor coisa a se fazer é alguma forma de exercício experimental em que as vantagens da delegação e o custo da centralização são "demonstrados" às pessoas. Alguns desses exercícios envolvem a solução de problemas onde as pessoas aprendem que não recorrer à experiência de terceiros acarreta soluções piores. Alguns exercícios envolvem supervisionar as pessoas. O mais poderoso é chamado de "poder da estrela" e leva as pessoas a sentir o que é ser impotente – e provoca fortes reações, para amenizar um pouco o que se observa. Pode acreditar: "contar" às pessoas quais são as vantagens da delegação não tem absolutamente nenhum efeito, como atesta o fracasso dos conselhos veiculados em tantos livros e artigos que recomendam exatamente isso.

3. A estrutura organizacional é um fator?

Sem dúvida. Ela afeta o comportamento de duas formas. Primeiro, ela sinaliza para os gerentes qual é o tipo de comportamento que a organização considera mais aceitável. Por exemplo: em uma estrutura organizacional relativamente plana, onde existem poucos níveis gerenciais e os gerentes têm amplo controle, as pessoas entendem que a norma é a delegação. Em segundo lugar e em um sentido muito real, a estrutura facilita ou entrava a delegação, pela própria natureza e poder dos limites que ela estabelece.

Uma das formas de as empresas imporem o aumento da delegação é atribuir equipes e responsabilidades maiores aos gerentes. Quanto maior se torna a equipe de um gerente, menos ele conseguirá microgerenciar essa equipe.

4. A liderança não estaria recebendo atenção demasiada?

Sim, e o problema ultrapassa as empresas, atingindo as publicações de negócios; mas essa é outra história. Se sua organização venera os líderes heróicos, os seus gerentes apresentarão relutância natural em delegar responsabilidades.

Uma das maneiras como as empresas incentivam líderes heróicos é oferecer-lhes uma série de armadilhas altamente visíveis, desde salas elegantes e vagas de estacionamento exclusivas, até jantares executivos e viagens em jatinhos particulares. É freqüentemente difícil, para os gerentes assim presenteados, delegar responsabilidades a subordinados cujas armadilhas são consideravelmente inferiores.

As organizações onde prevalece o espírito da delegação tendem a ser aquelas que mantêm uma cultura igualitária, manifesta em coisas como "salas sem paredes" e na inexistência de símbolos de status. Isso ajuda a aumentar a sensação, entre os funcionários, de que todos são relativamente iguais.

5. O recrutamento pode ser utilizado para incentivar a delegação?

Essa é outra medida importante que as empresas podem adotar. Contratar pessoas autocráticas por natureza certamente prejudica a construção de uma empresa que valoriza o trabalho em equipe.

Mas como se pode identificar o estilo gerencial de um candidato? O elemento prognóstico mais confiável é inquestionavelmente o comportamento anterior. O estilo de gerenciar espelha uma visão da vida e, conseqüentemente, é difícil de mudar. Assim sendo, as empresas devem analisar cuidadosamente a maneira como os candidatos assumiram suas responsabilidades em empregos anteriores.

Em relação ao desempenho anterior, há que considerar a natureza do ambiente gerencial da organização onde o candidato trabalhou. Se ele se saiu bem numa organização cuja fama é ser focada em equipe, ele provavelmente se sentirá à vontade com a delegação de responsabilidades em seu novo cargo.

Os colaboradores

• • •

Melissa Raffoni é consultora especializada em desenvolvimento organizacional e treinamento de executivos, e também apresenta conferências na Sloan School of Business do Massachusetts Institute of Technology.

Paul Michelman é editor da *Harvard Management Update.*

Jim Billington é colaborador da *Harvard Management Update.*

Constantine von Hoffman é colaboradora da *Harvard Management Update.*

Tom Krattenmaker é redator *freelance* e diretor de noticiário e informações do Swarthmore College, próximo a Filadélfia.

Dwight Moore é psicólogo da empresa Moore & Associates, da cidade de Blaine, Washington.

Edward Prewitt é colaborador da *Harvard Management Update.*

Jennifer McFarland é redatora *freelance* em Somerville, Massachusetts.

Robert J. Thomas é pesquisador sênior subvencionado pelo Accenture's Institute for Strategic Change de Cambridge, Massachusetts.

Warren Bennis é professor universitário e presidente fundador do Leadership Institute da University of Southern California. Ambos escreveram *Geeks and Geezers: How Era, Values, and Defining Moments Shape Leaders* (Harvard Business School Press, 2002).

Jimmy Guterman é presidente do Vineyard Group, Inc., uma empresa de consultoria de Chestnut Hill, Massachusetts, e editor de *Media Spun*.

David Stauffer é colaborador da *Harvard Management Update*.

Conheça os outros Livros da Série Gestão Orientada para Resultados

- Apresenta as ferramentas que irão aprimorar suas apresentações e melhorar resultados. Com ele você aprenderá a: ser mais objetivo, compreender e responder a linguagem corporal de sua platéia, tirar de letra as perguntas difíceis e fazer encerramentos inesquecíveis.

APRESENTAÇÕES ELETRIZANTES

ISBN: 978-85-352-1455-0 ou
ISBN: 85-352-1455-0
Páginas: 152

◆ Oferece subsídios aos gerentes que necessitam aprimorar suas habilidades comunicativas e realizar avanços surpreendentes que os valorizem como profissionais e tragam benefícios a suas empresas. Com ele você aprenderá a: usar as palavras com objetividade e segurança, manter-se firme em situações desconcertantes, fazer críticas construtivas e usar as palavras com mais eficácia.

COMUNICAÇÃO PESSOAL IMPECÁVEL

ISBN: 978-85-352-1447-5 ou
ISBN: 85-352-1447-X
Páginas: 160

• Oferece subsídios aos gerentes que precisam aperfeiçoar e desenvolver habilidades que contribuirão para o sucesso de futuras negociações e evitarão o surgimento de conflitos. Com ele você aprenderá a: apresentar argumentos convincentes, lidar com adversários difíceis, criar alianças sólidas e desenvolver fortes relacionamentos para futuras negociações.

NEGOCIAÇÕES ESPETACULARES

ISBN: 978-85-352-1456-7 ou
ISBN: 85-352-1456-9
Páginas: 152

◆ Apresenta ferramentas que irão ajudá-lo a manter seus funcionários e garantir a vantagem competitiva da sua empresa. Com ele você aprenderá a: reconhecer os sinais que avisam sobre a deserção dos talentos, utilizar sistemas eficazes de remuneração, criar novas oportunidades de aprendizado e explorar as habilidades únicas dos jovens em ascensão.

MANTENDO OS TALENTOS DA SUA EMPRESA

ISBN: 978-85-352-2339-2 ou
ISBN: 85-352-2339-8
Páginas: 184

◆ Apresenta estratégias que o ajudará a reforçar a habilidade de trabalhar produtivamente com qualquer pessoa, em qualquer lugar. Com ele você aprenderá a: aumentar a satisfação no trabalho, melhorar o estado de ânimo da sua equipe, elevar a produtividade e dar um feedback construtivo.

LIDANDO COM PESSOAS DIFÍCEIS

ISBN: 978-85-352-2338-5 ou
ISBN: 85-352-2338-X
Páginas: 150

Sistema CTcP,
impressão e acabamento
executados no parque gráfico da
Editora Santuário
www.redemptor.com.br - Aparecida-SP